U0626912

立人天地

校园欺凌行为案例研究

Bullying Today
Bullet Points and Best Practices

[美] 贾斯汀·W. 帕钦

萨米尔·K. 辛社佳 　著

王怡然　译

黑龙江出版集团

黑龙江教育出版社

版权登记号：08-2017-056

图书在版编目（CIP）数据

校园欺凌行为案例研究 ／（美）贾斯汀·W.帕钦，
（美）萨米尔·K.辛社佳著；王怡然译． -- 哈尔滨：
黑龙江教育出版社，2017.5
ISBN 978-7-5316-9223-2

Ⅰ．①校… Ⅱ．①贾… ②萨… ③王… Ⅲ．①校园－
暴力行为－案例－研究 Ⅳ．① G474

中国版本图书馆 CIP 数据核字（2017）第 119051 号

校园欺凌行为案例研究
XIAOYUAN QILING XINGWEI ANLI YANJIU

作　　　者	[美]贾斯汀·W.帕钦　萨米尔·K.辛社佳　著
译　　　者	王怡然　译
选 题 策 划	王春晨
责 任 编 辑	王海荣
装 帧 设 计	Amber Design 琥珀视觉
责 任 校 对	张爱华

出 版 发 行	黑龙江教育出版社（哈尔滨市南岗区花园街158号）
印　　　刷	北京鹏润伟业印刷有限公司
新 浪 微 博	http://weibo.com/longjiaoshe
公 众 微 信	heilongjiangjiaoyu
天 猫 店	https://hljjycbsts.tmall.com
E－mail	heilongjiangjiaoyu@126.com
电　　　话	010—64187564

开　　本	700×1000　1/16
印　　张	11.5
字　　数	136千
版　　次	2017年6月第1版　2017年6月第1次印刷
书　　号	ISBN 978-7-5316-9223-2
定　　价	30.00元

目录 / contents

前　言

目前，青少年欺凌在学校和社区中仍然是一个热点问题，而负责解决这些问题的成年人不断提出，他们需要以研究为基础的指导手册来说明具体的做法。那些曾经被欺凌过的人仍然在精神上、关系上和学术上（和针对他们的人一样）挣扎，并经常觉得无助甚至在绝望中寻找希望。坦率地说，我们对学生采用极端的方法来逃避他们所面对的被残酷虐待的事情非常熟悉。简单而言，我们需要做的还有很多。

我们一直致力于研究青少年欺凌的原因和后果。自2002年起，我们就一直在研究这些行为，尤其是网络欺凌。正如你所想象的，这些年发生了许多变化。我们已经正式调查了全美大大小小超过15 000所初中、高中的学生，也与许多未参与调查的学生进行了交谈。我们非常注重与学校教育工作者和社区家长密切合作，随时了解他们关于解决滥用智能手机和社交媒体的经验以及成功和失败案例。

作为行为研究者和作者，我们希望我们的工作能够对一线人员的生活和努力有所影响。也就是说，我们不只在期刊上出版学术文章（当然，我们也这样做）供大学教育工作者参考，还为教育工作者和家长读物撰文。我们也为成人和学生出版了一些书。但你面前的这本书与我们以往所写的书有所不同。就像我们所有的工作一样，《校园欺凌行为案例研究》是基于那些欺凌行为的实践经验所做的调查和指导。当然，我们并没有用冗长的章节来罗列信息，而是用一系列简短的章节指出如何解决一个具体的欺凌问题或观点。其中，有许多出自我们网站（cyberbullying.org）的博客，在保留其简明性和可读性的基础上进行了更新和扩展。我们选用容易消化的信息，以新闻、对话的形式代替了综合的、格式化的文章。与教育工作者和美国（及海外）其他支持我们工作的人交流后，我们了解到，他们很欣赏我们博客的写作风格，并且重视我们提出的相关观点。

本书主要分成五个部分。第一部分——欺凌的定义：哪些行为属于欺凌——讨论了哪些错误的行为属于欺凌，哪些不是。这一点非常重要，因为每个有关青年人欺凌或冲突的例子都不利于我们将时间和精力专注于危急的问题，以及在欺凌可能发生之前告诉孩子怎样解决这些相关的问题。接下来，我们围绕已知的欺凌行为的数据展开研究，提供我们已知的行为来阐明其出现的频率和产生影响的参考，并纠正影响社会反应的错误观点。在第三部分与欺凌相关的法律内容中，我们重点关注相关的法律。美国的50个州都有一些关于欺凌的法令。这对教育工作者来说非常重要，能够让他们清楚地了解到学校在处理这些问题时需要考虑什么。国外的教育工作者也能从这些法律中得到启发。此外，事实上，青年人了解法律的限制和政策规范能够防止类似事件的发生。

本书的第四、第五部分有助于学校员工了解有关欺凌的知识和解决办法。在预防欺凌的发生和我们能做什么等方面，本书讨论了学生组织、学生顾问委员会的作用以及如何开展抵制学生身体欺凌的活动和其他教育工作者能够以最低的成本立即执行的项目。在对欺凌的合理反应（哪些有用，哪些没用）中，我们探讨了许多重要的课题，例如，我们阐明了成年人的青年服务和通过匿名举报系统、政策、官方和非官方介入来迅速解决在线欺凌问题。

几乎每天都会有教育工作者、家长或其他与青少年工作相关的人联系我们，寻求解决欺凌问题的办法。虽然不存在快速、简单的方法，但有一些毋庸置疑的事情需要大人们在解决欺凌问题和减小其负面影响时多加注意。我们已经将那些最佳措施写入了这本书中，并努力以简短、易记的方式进行阐述。我们也将定期更新博客，在网站上介绍相关问题并希望读者能够通过博客持续关注我们的研究。更重要的是，我们希望你在需要额外帮助的时候联系我们（patchin@cyberbullying.org 或 hinduja@cyberbullying.org）。我们最初的也是特别重要的目的是能够为你提供帮助，这样，你也同样能为更多的人提供帮助。

第一章　欺凌的定义：哪些行为属于欺凌？

欺凌还是玩笑？人际关系解读问题

贾斯汀·W. 帕钦

　　某天夜里，我周围有一群年轻人，他们一边玩着游戏，一边聊天。他们聊人际关系、游戏技巧，以及其他你能想到的年轻人在一起时经常讨论的话题。从我偷听到的内容来看，他们似乎相识已久，但很明显，这群年轻人当中也有几个"管事儿的人"。有一两个成员主导着聊天的内容，还有几个人在全神贯注地玩游戏，并没有一起聊天。

　　从一个旁观者的视角，可以很清晰地看出这群人当中存在着欺凌现象。也就是说，虽然他们并没有进行身体上的欺凌，但是，我看到了许多人身攻击、贬低、羞辱和排异行为。他们脏话连篇，一旦有人游戏玩得不好，就会受到严厉的指责。言语攻击（或非言语攻击）和拳打脚踢（或无身体对抗）的行为常常会使一个人的气概受挫。作为一个以日常活动为经验研究欺凌行为的社会科学家，我认为这些行为会催生"现实世界"中的欺凌、示威活动，这在我研究的案例中经常出现。

　　我注意到，几乎所有人都会受到不公的待遇，但是有个别人是会受到优待的。在一个群体中往往有一个人会受到比其他人更多的欺辱，他可能经常受到愚弄和辱骂，他行为异常（无论是在游戏中，还是我听到的所谓的"现实世界"）并且似乎缺乏社交的权利。我也注意到，这个团体中的骨干成员会受到新成员的尊敬，因此，他们的恶劣行为也会被想要加入这个组织（也可能是为了避免自己成为被欺凌的对象）的年轻人模仿。

那天，当我看着手中的扑克牌，我突然发现，我们对待最好的朋友和最厌恶的对手时和他们的欺凌行为没有什么区别。单就我们的做法来说，旁观者可以很明显地发现在我们打牌的这个群体中存在欺凌现象。我们表现出来的行为包括了欺凌定义中所有的典型特征：已经有所察觉或拥有实际力量（社会地位、学术声望等）的人对目标公然地进行持续不断的有意干扰（卑鄙、残忍的手段等）在某种程度上让他们无法抵抗。

大多数的指责都伴随着团体中成员们的嘲笑，包括那些被欺凌的对象，他们可能经常会隐藏起自己愤慨的一面。但是，通过和那些欺负人的青少年对话，我们了解到，他们在欺负人时常常觉得那只是在开玩笑。因此，在那天进行特别恶劣的嘲讽之后，我一直在思考，是否其中一些言语已经越过了玩笑的红线。如果玩笑和欺辱之间的界限连成年人都难以区分，又怎么能期望孩子在事态严重前意识到越过雷区了呢？这是十分困难的，因为被嘲弄的对象表面上可能会一笑了之——为了自己的面子，但实际上，他们的内心却受到了这些言语的伤害。

因为与我的研究相关，因此我也对此做了阐述。作为学术研究，我们喜欢针对定义欺凌的最佳途径进行辩论，或者至少对定义欺凌的某些限制方式进行讨论。比如，我询问他们关于玩牌同伴被辱骂的经历，是否有任何人"曾经对他们说了卑鄙的话"或是"在他人面前取笑他们"[两个在欺凌

（受害）者问卷调查中常用的指标］，鉴于当晚他们对待其朋友的方式，他们不得不说"是"。但这是否就意味着他们被欺负了呢？通常，典型的研究都不要求学校工作人员严格区分友好的玩笑和恶意的欺侮。我将在本章第三节进行详细的说明，我并不认为欺凌行为会是无意的。虽然一些人的精神也可能受到无意的伤害，但欺凌的定义是故意行为。也就是说，伤害行为是否符合学术标准上的欺凌行为并不重要。如果我们对待他人的方式让其感到不舒服、羞辱、排斥并可能以任何方式受伤，那我们就应该停止。但是，我们怎么能知道我们的行为是否被接受呢？而且，当这些行为（例如网络言语，无论发出者和接收者的年龄有多大）经过远距离传输后再来决定它们是否具有伤害性会变得非常困难。

我怀疑大多数人会把我描述的扑克牌游戏中的行为视作欺凌。但我们是否真的能够分辨清楚呢？

问题反思

是否能够提出一项政策或设计一个调查研究，来准确地区分朋友之间的玩笑和欺凌行为呢？你是否曾经因为朋友所说的话或所做的事而感到受伤，即便你知道他们并不是故意伤害你。

如何区分欺凌与其他伤害行为？

贾斯汀·W. 帕钦

在第一节中，我阐述了判断某些行为越过红线成为欺凌行为的困难，也讨论了学者试图量化这些差异的困难。在本节中，我想要对这条红线为何如此重要进行说明。

　　学者们经常对如何更恰当地定义欺凌进行辩论。我并不会在这些辩论中进行激烈的争论，因为我觉得某人的行为是否符合人为规定的欺凌标准并不那么重要。诚然，作为一个研究人员，我会被这无数种定义所困扰，是因为这些定义的差异使比较研究更加困难。但重要的不是满足学者所定义的标准，而是我们需要关注如何解决问题。学生使用粗鲁的外号，在网上晒出令他人感到尴尬的照片，或是在学校里推搡他人，此类问题都应该得到解决。这些行为也许会构成欺凌，也许不会，无论怎样，都需要立即通过恰当的方式进行处理。

　　当我开始研究欺凌的定义时，我的想法发生了一点变化。请不要误会我，我仍认为教育工作者、家长和其他从事有关青少年工作的人需要去解决他们看到的各种人际伤害。但因为很多原因，我们也需要为某种或一系列能达到欺凌程度的行为划一道界限。下面我将介绍一些我认为分辨是否为欺凌行为时重要的特征。

不是所有青少年的伤害行为都是欺凌

　　许多孩子对其他人说了粗鲁的话或做了可恶的事情，但其中大多数都不是欺凌行为。将所有的伤害行为都算作欺凌则忽视了真正的欺凌行为。正如艾米莉·贝兹伦（Emily Bazelon）提到的，"当所有发生在孩子身上的坏事都被称为欺凌时，最终就会得出误导性的描述以至于掩盖了其他形式的伤害"。在大多数定义中，欺凌比一般的虐待、推搡、嘲笑更加严重。可以肯定的是，其中的区别是欺负同一个人的频率。一次性的欺负行为并不被认为是欺凌，但被同一个人欺负过数次、数天、数周甚至数月就可能构成欺凌。频率非常重要。比如，我们曾与一个成年人取得了联系，他回忆了儿时被欺凌的经历。他并没有受到任何身体伤害，但被不断地用粗鲁的外号称呼给他造成了难以治愈的精神伤害。毋庸置疑，即便是轻微的伤害，一次又一次成为他人的目标最终也会造成伤害。

同样，将所有的伤害行为都算作欺凌会降低恶劣事件的严重性。例如，一个学生在操场上被欺负了一次，并不能算是欺凌。就算这个学生遍体鳞伤甚至住院，都不能算作欺凌。这只是一次攻击，也只能被当作攻击行为来处理。但如果在这次行为之前或之后，这个学生也被当作目标欺负过，那么这些事件就可能算作欺凌。孤立的一次性行为，无论有多么严重都不是欺凌。

对学校的影响

将所有学生之间的伤害行为都称为欺凌也会对学校造成影响。一些州最近通过的法律规定，一旦某种行为被确定为欺凌，那么教育工作者就必须采取一定的措施。无论出发点是什么，这些法律都迫使学校陷入了具体的、耗时的程序之中。例如，新泽西州的学校管理人员被要求必须在收到任何欺凌举报的1个工作日内进行调查，学校主管必须在2个工作日内进行通报，学校必须在10个工作日内完成调查并提供一份书面的事件调查报告。调查的结果也必须在下一个常规例会中向学校董事会进行报告。

这些做法都很好，学校也乐于其处理的问题受到关注。但问题是，他们是否有充足的资源来完成这些高效的调查。对所有粗鲁、可恶甚至伤害性的事件进行全面调查不是一件容易的事情，很难在如此短的时间内完成。

此外，学校也因为大量的欺凌事件报告而备受争议。例如，新泽西州学校的报告必须提交到州教育部，教育部会通过对这些学校所做的努力进行评级来解决欺凌问题。因此，一些得分较高的学校其领导可能会受到鼓励，也会因害怕被降级而做得更好。但我想问，学校评级高是好事还是坏事？我的意思是，学生乐于报告欺凌事件，学校也重视书面报告和调查工作，这是件好事，但得分太高是否应让我们为此而担心呢？事实上，那些无欺凌行为的学校更让我感到担忧。

给"欺凌"换种说法

为了解决这些问题，有人提出应该彻底废止"欺凌"这个词，并以"骚扰"或"恶作剧"来取代。但这并不能为解决已有的问题提供任何帮助。例如，在法律范畴中，"骚扰"是一个专用术语，用于特定被保护的身份（基于性别、种族、肤色、国籍、残疾和实际或隐含的性取向）。若一个异性恋的男孩在网上贴出了使另一个异性恋男孩感到尴尬的图片，这种行为是骚扰吗？在一些法律标准中，并不是。

将所有青少年之间意见相左的事情称为"恶作剧"也会让问题淡化。可以肯定的是，如今的学校里有许多事情都可以被称为恶作剧。因朋友有意或无意的冒犯而觉得烦恼可以算作恶作剧，因姐姐吃了早餐中的最后一块馅饼而生气也可以算作恶作剧，绝大多数能够被青少年称为恶作剧的事情并不符合欺凌的定义，而且也不应该被称为欺凌。正如丹娜·博伊德（Danah Boyd）和爱丽丝·马威克（Alice Marwick）在他们与青少年的访谈中发现的那样，"他们在想要降低事情的严重程度时就会称其为恶作剧。"将欺凌事件称为恶作剧能够让欺凌者的角色不那么恶劣。如果恶作剧是青少年日常生活中的一部分，那么即使有人做了这些事情，也不应该感到大惊小怪。

欺凌是某人或多人强加在另一人身上的蓄意的、重复性的伤害，且受伤害者无有效的保护能力。无意间对他人造成的伤害并不是欺凌。当然，衡量某人做出伤害行为时的动机并不容易，但重复伤害行为，尤其是知道自己的行为对他人造成了伤害，那一定是有意为之。

明白"并不是所有的伤害行为都是欺凌"这一点对于解决欺凌问题非常关键，能够让欺凌问题变得容易处理一些。以上我的标准仅供区分欺凌和其他伤害行为时加以参考，你或许有不同的见解，我也倾向于探讨不同的意见。也许我们可能在这一问题上没有达成共识，但是，我们可以通过合作一起防止并有效地回应青少年之间的这些伤害行为，无论它们是否被定义为欺凌。

> **问题反思**
>
> 在你的学校的守则中是否将欺凌与其他人际伤害行为进行了区分？你是否认为这种区分是有必要的呢？

无意欺凌可能存在吗？

贾斯汀·W. 帕钦

正如前两节分析的，定义欺凌是一件非常头疼的事情。而高科技又让困难程度更上了一个台阶。我的意思是，当你看到这些行为时，它们很好分辨，例如，重复性的恐吓，通过多种方式羞辱他人，以及发送大量伤害性的短信。但是，某些不恰当的玩笑是否是欺凌呢？例如，"你去死吧"之类的话。每个人都有可能想要将其归为欺凌。

定义 "欺凌"

正如前文所述，欺凌大多包含故意的因素。斯堪的纳维亚的研究员丹·奥维斯（Dan Olweus）可以说是目前对这个话题颇感兴趣也是对辩论颇为负责的人，他将欺凌定义为"权利不平衡的蓄意侵略性行为，通常会重复多次"。明尼苏达州教育部指出，"欺凌有不同的定义，但绝大多数人认可欺凌行为包含了故意的伤害、重复性以及欺凌者与被欺凌者双方权利的不平等"。最终，反欺凌协会将欺凌定义为"学龄儿童间含有实际的或隐含的权利不平等的有害的、侵略性的行为"。虽然这个定义并没有明确提到实施意图，但我们可以将"侵略性"理解为故意行为。

此外，许多州的欺凌法案提到了蓄意行为。特拉华州的法律将欺凌定义为"蓄意的书面、电子或口头行为"。路易斯安那州将网络欺凌定义为"任何通过电子文本、视频、书面或口头传播的故意的恶意强迫、辱骂、戏弄或恐吓他人的行为"。的确，通常意图在法律中是一个必不可少的组成要素。为了使某人承担其刑事责任，我们不仅要确定从事不法行为的人，而且还必须确定他或她以犯罪意图这样做，即有罪的心态。不过，在法律层面总会有例外，但我们依旧认为绝大多数欺凌事件能够而且应该在法律范围以外进行处理。关键是，欺凌在大多数学术和法律的定义中都涵盖了实施意图，可这个标准是否有必要呢？

无意欺凌

育儿专家苏·舍夫（Sue Scheff）在她于《赫芬顿邮报》上发表的一篇文章中提及"非故意的"欺凌行为和网络欺凌。她描述了一些青少年通常在网上对其他人说粗话，虽然并不是为了伤害他人，但他们的话会让人觉得即便你不是想要对谁造成伤害，你的话也可能会被别人放大，让人觉得难堪。当然，在线下也会发生这种事情，但是，网络更容易模糊实际的意图。我们从许多个人经验中就可以知道，缺少重要的面部表情、语气语调或其他能够传达内容的感情色彩和言外之意很容易在两人的沟通中产生误会。

舍夫认为，互联网安全教育家凯蒂·格里尔（Katie Greer）首先提醒她去关注这些行为。舍夫在文章中指出，格里尔将无意欺凌解释为"一般情况下，孩子们试图通过积极、友好的方式向朋友进行描述或通过各种社交媒体网站无意间对他人造成了精神上的伤害，或在此过程中孤立了某人"。通常青少年对同学或好朋友说话是没有恶意的，我同意此种说法，但这些评论导致了误解甚至伤害，这是欺凌吗？

蓄意欺凌并不是一个新的概念。互联网律师帕里·阿夫泰伯（Parry Aftab）至少自2006年以来就在她的分类系统中提到了"无意欺凌"，"他们为了好玩才做这些事，他们会对他们的朋友做这些事，开开玩笑。但他们的朋友可能并不认为这是在开玩笑，而是很严肃地对待这件事情"。据阿夫泰伯所说，无意的网络欺凌"不会是有意的"。这很奇妙，因为她将网络欺凌定义为"未成年人将网络当作武器故意伤害另一个未成年人"。例如，格里尔和阿夫泰伯所描述的一种情况，青少年做了或是说了一些好笑的事情，却因为某种或某些原因被误解，最终导致了伤害。

格里尔举了这样一个例子，一个小女孩的朋友在网络上建了一个个人资料夹，其他人可以对四个女孩中最漂亮的进行投票。她本来是为了向朋友们说明她很漂亮，她的朋友们使用了虚拟投票以使她获得胜利，但这个行为却伤害了涉及的其他三个女孩（因为毕竟她们不是最漂亮的）。此例中的其他三个女生是否受到了欺凌呢？如果这些年轻人真的并不是为了对没有赢的女孩子造成伤害，那我认为这件事情并不能算作欺凌。

当然，问题的关键在于确定意图。格里尔的这一案例中，女孩们如果为了显示其他几个人是输家而发起这场投票，那她们可能需要对此负责。如果她们通过某种方式故意使某个女孩的票数明显少于其他人，让她成为"最不漂亮的人"，那就应该被当作欺凌来看待，尽管这件事不是故意的。但是，如果女孩们真诚地表示她们并不是想要对谁造成伤害，那么就不是欺凌。当然，不能忽略这种事情，女孩们应该知道，她们需要对无意间造成的结果负责，这样她们之后就不会再做类似的事情。希望问题可以到此结束，否则就有必要进行干预。

尽可能多地获取信息

因为不可能确切地知道某人在实施某种行为时脑中在想什么，因此，应该尽可能多地获取信息以确定其行为是否为故意。例如，这是不是某个学生第一次因欺凌被指控？这个学生过去是否有行为问题？他们之前是朋友吗？这当中有没有争吵？之前是否有人（其他学生或职工）注意到他们之间是否存在问题？

当然，我们要记住，一个青少年从未有过不良记录并不代表他或她这次不会犯错。曾经的朋友也会互相伤害，尤其是最近有某种问题导致了他们关系的破裂。问题行为本身就是个谜团，你能取得的关于他们关系的信息越多，就越容易了解他们之间发生了什么及其原因。

明确欺凌是什么

多年来，在这样的讨论中，我都持旁观者的态度。对我来说，某些行为是不是欺凌并不重要。我主张确定并解决具体问题。不幸的是，一些州的法律规定，当涉及被定义为欺凌的行为时需要采取特定的行动，这让我的主张化为泡影。

回顾第二节中新泽西州的法律要求校长在1个工作日内调查欺凌事件，并在10个工作日内完成正式的报告。在格鲁吉亚，被发现第三次欺凌他人的学生将被要求转学。此外，将特定的行为标注为欺凌可能会使情况发生变化，尤其当这个"标注"被误解时。因此，为了管理人员的工作量和学生的纪律处分，必须明确欺凌是什么。

我并不期待能在本书中解决这个长达数年的辩论，但我希望能鼓励学者、决策者、立法者、教育工作者和其他负责给学生"分类"（例如"欺凌者"）的人，仔细考虑他们的标准。将某人的行为定义为欺凌或给某人贴上"欺凌者"的标签会将一个人设定到一个特定的轨道中，我们最好别这样做。

> **问题反思**
> 你是否认为"意图"应该囊括在欺凌的定义中呢？你能否想到某人无意间"欺凌"他人的例子呢？

有意欺凌行为的案例

贾斯汀·W. 帕钦

最近，我在国际欺凌预防协会的年度会议上发表了演讲，这是我第二次参加这个活动，两次经历都让我觉得十分受益而且很愉快。与会者大多对我们在网络欺凌研究中心的工作非常感兴趣，其他演讲者也都是业界颇为优秀的代表。

演讲间隙的交谈与演讲一样具有启发性。与其他与会者的交谈能给我们正在研究的问题以新的启发，并能从专业的角度来评价我们的研究和作品。有几段对话激起了我对欺凌的定义作更多说明的想法。在我去做演讲之前，我与作者斯坦·戴维斯（Stan Davis）就如何定义欺凌以及"意图"在欺凌的定义中是否是一个必要的元素进行了探讨。就像第三节所讨论的那样，大多数定义中包含了这一要素，我所做的定义也是如此。斯坦认为，无论某个行为是否是有意为之的都没关系，但如果这一行为是伤害性的或者如果实施行为的这个人应该知道此行为会对另一个人造成伤害，那么这就是欺凌。他的观点得到了伊丽莎白·英格兰德（Elizabeth Englander）的支持。伊丽莎白是另一位参会研究员，我非常欣赏她的作品。她补充说，将意图作为定义的标准会带来另一个问题，即要求学校的老师要知道学生在实施不当行为时脑子里在想什么。虽然通过观察学生在最初被干预后是否仍旧持续之前的行为就能够知道其意图，但她这个想法也是合理的。如果某个学生知道他或她的行为对另一个人造成了伤害（被针对者、旁观者或其他人），但他或她继续以同样的方式做事，那么这显然是故意的。

　　我的演讲结束之后，与我一起参加会议的另一位发言者洛里·艾斯皮格（Lori Ernsperger）上前和我继续探讨"意图"在欺凌中是否真的是一个必要的组成部分。我们聊了一下各自在这个问题上的立场，但由于其他原因未能进行深入的探讨。我并不认为斯坦、伊丽莎白和洛里是商量好的来否定我的演讲，因此，我觉得我有必要进一步考虑这个问题。

　　这也是会议结束后我收到洛里的邮件很高兴的原因，她在邮件中说明了她为何觉得在定义中去掉意图这个元素是必要的。她特别关注的是，当欺凌对象是残疾学生时，也需要考虑意图来定义欺凌行为。她说，"侵犯残疾人不包含欺凌的意图，只要其举动是不受欢迎的行为，就构成对残疾人的骚扰"。当"故意"这个词被用来定义欺凌时，就要求学校制定专门的政策并单独进行定义来保护特殊群体。

她还提出了一个假设。

一个16岁的高中网球运动员患有遗传性疾病和糖尿病。他的队友在他去治疗室和训练间隙一直骚扰他，这种行为持续了一年。教练知道这些情况，但根据法律的规定（家庭教育权和隐私法，或FERPA），大多数员工都不知道他是个残疾的孩子。经受了反复的戏弄，他决定不再去治疗室并最终放弃了网球运动。这显然侵犯了他的权利，但学校认为，这些行为在其他学生（他们都是好学生，不会故意为难他）和员工看来都不是"故意的"。但这并不重要，因为这些改变了该学生的教育方向的行为是不受欢迎的。所有的学校职工都应该了解并干预这样的事件，无论其意图如何。

首先，我完全同意她的最后一句话。学校职工应该干预任何有害的行为，无论其是否被定义为欺凌。案例中有一件事情是很明确的，这些网球运动员对他们的队友很不友好，这个问题应该得到解决。如果做出不当行为的网球运动员一整年都没有觉察到他们的行为对他人造成了伤害，就不算是欺凌。但如果告诉这些学生他们的行为会对其他人造成伤害，尤其是通过教练或校长等人告知后他们还继续采取这些行为，那很明显就是故意的行为。或者，如果有某个中立的人认为这些行为会造成伤害，那么他们就会被认为是故意的，会被认为是欺凌行为。正如我在第一节中所提到的，好朋友之间肆无忌惮的对话可能在无意间让人感到沮丧，但这真的是欺凌吗？

再举一个例子，可能我只是觉得好笑而重复别人的某些话，他却完全忽视了这一点并嘲笑我所说的话。事实上，这个人会被我的评论伤害到，但他不会对我（或对任何人）表现出这一点。我说的话可能很难听，但并不是欺凌，这个问题应该解决吗？应该被制止吗？答案都是肯定的。如果我们是在同一所学校里学习，老师、辅导员或其他任何人都应该让我知道我的做法会造成伤害。在这一点上，我必须道歉并且停止这种行为。如果我仍旧这样做，那么就清楚地表明我是故意的，因为我已经被告知这种行为的伤害性质但仍在继续，这就是欺凌。

洛里坚持认为，"不受欢迎的行为"才是真正重要的因素。如果某事是不受欢迎的，那就是欺凌。我并不认为有这么简单。如果是简单地在学校里吓一吓别人呢？或者热水溅到别人的腿上呢？如果是在路口撞到了另一辆车呢？这些很明显都是不受欢迎的行为，不是吗？即使这些行为都是完全孤立的事件或意外，难道也应该算作欺凌吗？再者，这些事件要想在法律或技术层面被认作"骚扰"，也需要证明做出这种行为的人是因为身份（基于种族、阶层、性别、残疾等）才这样做的。骚扰和欺凌不一样。一些欺凌行为可能会被归类为骚扰，一些骚扰行为也能被归类为欺凌，但其重叠率不是100%。例如，骚扰（正是定义中为重复性的）通常是基于被保护的群体，但欺凌不是。骚扰可以是一个单一的事件（尽管通常不是），欺凌却一定是重复性的（或至少有重复发生的可能）。我仍然没有想到任何一个不存在故意造成伤害而被定义为欺凌的例子。

重点是，我们不能简单地将所有青少年之间的伤害行为或刻薄的行为称作"欺凌"。这会使问题的严重性退化，并让事件的参与者感到难以理解。欺凌是一种特定的、更加严肃的人际伤害行为，且这一术语中的重复性和故意性需要保留。

问题反思

斯坦·戴维斯、伊丽莎白·英格兰德和洛里·艾斯皮格都是欺凌方面的非常有经验的专家。但对于意图是否重要，我[们（本书作者是两个人）]与他们仍然存在分歧。你怎么认为？你会站在哪一边？为什么？

第二章　已知欺凌行为的数据分析

是否有多达160 000名学生因欺凌而逃学？

贾斯汀·W. 帕钦

在网络欺凌研究中心，我们努力通过已知数据来解决青少年对高科技的使用和误用问题。需要说明的是，这里的数据并不仅仅代表条形图。自2002年以来，我们已经对超过15 000名初中、高中学生进行了正式的调查。因此，我们确实制作了许多条形图，但我们也与上千名美国（和海外）的青少年进行了交谈，每天都与青少年、家长、教育工作者和其他关注青少年在线行为的人通过邮件和电话保持联系，同时我们阅读了其他学者所撰写的文章（包括已出版和未出版的）。以上这些都是有价值的数据来源。总之，这可以帮助我们更全面地了解到底发生了什么。

一些数据来源确实要优于其他数据。在解释结果时，我们也必须考虑数据的质量以及统计方法的复杂性。例如，从已知组（或样本）中随机选择参与者比例要比选择恰好在特定时间和地点的人更好。

举例来看，在我最近调查的一所学校中，一位老师告诉我，学校里所有的学生都看到过或是发送过色情信息。在我的追问下，她承认她所说的话并不是科学调查，而是某天对几个刚从餐厅出来的学生进行的询问。她推断得出，她所在学校中"每一个学生"都在某种程度上参与了色情信息的传播。当然，这很可笑。我还从未见过有哪份研究报告中色情信息的普及率高于31%，而且绝大多数研究都是针对青年人的。事实上，近期反儿童犯罪研究中心发布的报告中指出，在10～17岁的学生中，仅有7.1%收发过色情信息（而且，这是一个全国普查的数据，可以查到其调查方法）。

因此，每当我找到一个数据进行参考，总是先尝试还原原始数据并且思考其统计方法。样本是什么？应该如何选择样本数据？应该提出什么具体问题？再讨论一下有色情信息的问题，色情信息的定义到底是什么？如果你去问青少年，他们是否曾经见过他人的裸体形象，那你会得到很多肯定的答案（如果他们诚实地回答你）。然而，如果你问他们在过去的30天里是否在学校见过其他学生的裸体形象，答案的数量肯定会低得多。这是在我们的研究中所用的问题，但即使这样，问题也可能被误解。

这又回到了本节的重点。我多次看到"有超过160 000名学生因欺凌而逃学"这个统计数据。这个数据出现在许多网站上，看起来似乎是合理的欺凌调查。有趣的是，我看到有很多新闻报道和政府报告中加以引用，甚至我在20多年前的《纽约时报》上也发现了对此数据的引用。最近我在专家所写的欺凌预防计划的摘要中也见过两次。

在谷歌上搜索这个统计信息，你会看到它弹出数千次，但它是从哪儿来的呢？很常见的是，从疾病控制和预防中心（CDC）的数据中加以引用。至少曾有一份CDC的报道引用了一本写于1998年的书——《真正的男孩：从威廉·波拉克的童话中拯救我们的儿子》。这本书的统计数据出自全国学校心理学家协会，但没有提供具体的参考文献或来源，那么这个数据是从哪里来的呢？我曾向许多欺凌预防领域的专家问过这个问题，但没有人确切地知道。

毫无疑问，确实有许多学生因为欺凌而逃学。但具体的数字很难真正统计出来。坦率地说，这个数字不可能超过160 000。但这也使研究领域在无法证明的情况下使用这些统计信息。欺凌是一个值得关注的严肃问题。但需要实用可靠的、有效的统计，而不是信口开河。错误信息会引发膝跳反射、情绪驱动的反应，这是我们企图解决一个复杂而持久的问题时最不想看到的情况。

问题反思

为什么在欺凌报告中数据的有效性很重要？不使用可靠的数据会带来哪些后果？你所收集的关于学生行为的数据是否有用？

网络欺凌：不普遍，也不罕见

贾斯汀·W. 帕钦

如果你留意过新闻中关于网络欺凌事件的报道（如我们所做的），那么你可能会认为网络欺凌已经到了非常"流行"的程度（无论这是什么级别）。2002年我们刚开始进行网络欺凌研究时，可以直接把所有关于网络欺凌的新闻稿打印出来，因为那时这实在不常见（或至少不常被报道）。但现在看来，网络欺凌似乎有恒定的发生率（或报道率）。要想验证其真实性，可以打开谷歌网站搜索关键词"网络欺凌"，你就会知道每天有多少关于网络欺凌的文章问世了，你的收件箱会被淹没。

与此观点相反，有人认为，网络欺凌还没有发展到需要我们高度关注的程度。具体来讲，丹·奥维斯教授是世界上十分努力地推进学校欺凌奖学金的人，他曾在2012年提出，"网络欺凌基本上是一个低频率的现象，而且在过去的五六年中没有出现其流行率显著增加的情况"。我们同意奥维斯教授在大多数问题上的观点，但我们认为，网络欺凌的性质和发展速度需要引起独立实验、法律和教育领域的注意。我们很荣幸受邀为奥维斯教授的观点写一篇评论。

那么真正发生的网络欺凌有多少呢？是普遍现象，还是罕见行为？你可能猜到了，答案是不普遍，也不罕见。可以肯定的是，围绕这个问题我们已经写过许多文章。在《网络欺凌预防与回应：专家观点》中，我们回顾了2011年发表的所有实证研究，在35篇评论文章中，5.5%～72%的学生遭受过网络欺凌，6%～30%的学生承认通过网络欺凌过他人。在最新版的《校外欺凌：预防与回应网络欺凌》中，我们加入了74篇同行评议的文章对这项分析进行了更新，我们发现数字有所下降（有2.3%～72%的受害者，欺凌者有1.2%～44.1%）。

正如第二章第一节中所提到的，我们对超过15 000名美国各地的初中、高中学生进行了调查。为了便于统计新问题的早期信息，我们首先对有效的在线样本进行了研究。不过，我们最后的9项研究是在已知学生数量的学校的随机样本中进行的。在这些样本中，显示为网络欺凌受害者的学生占18.8%～34.6%。同样，曾进行过网络欺凌的学生占11.5%～19.4%（平均值为16.2%）。

尽管自2002年以来，我们已经进行过11次不同的调查，但仍然无法确定其发展趋势，因为我们的大多数研究设计的都是不同人数的学校。新罕布什尔大学反儿童犯罪研究中心的丽萨·琼斯（Lisa Jones）、金伯利·J.米切尔（Kimberly J. Mitchell）和大卫·芬克霍（David Finkelhor）分别在2000年、2005年和2010年收集了美国学生的数据并发现了网络欺凌的稳定的低增长（从2000年的6%增长到2010年的11%）。他们得出的数据比我们的低，因为我们所使用的研究方法不同。但因为他们用同样的方法分别在3个不同国家进行了研究，我们可以由这个统计结果来估算，网络欺凌似乎真的在增长。

　　国家犯罪受害调查中的学校犯罪补充使用了美国学生的代表性样本，并在2009年增加了一些网络欺凌问题。这些数据显示，6%的学生受到过"电子方式"的欺凌。2011年这个数字上升到9%，2013年又下降到6.9%（最新数据）。这是为什么呢？奥维斯教授是正确的，网络欺凌不是一个新的现象，它完全不同于几代青年人所做出的欺凌行为。但它的出现需要引起我们的关注。我们知道，大多数网络欺凌都与线下的人际关系有关，而且大多数进行网络欺凌的青少年也会在学校做出欺凌行为。网络欺凌并不流行，也不罕见，但每个人都有责任终结这种行为。

问题反思

　　你认为研究报告中的数字差别为什么会如此之大？国家研究报告中的数字与你校的情况相比有什么不同？

小量样本不代表真相

贾斯汀·W. 帕钦

　　我们在网络欺凌研究中心的主要任务是将我们和其他学者的研究转化

为对青少年、家长、教育工作者和其他致力预防和更有效地应对网络欺凌问题的人而言有意义的、容易理解的内容。在2005年，我们推出了之前的网站——cyberbullying.org。那时还没有进行很多研究，所以较容易管理，但现在许多学者都很重视网络欺凌，这是一个好现象。然而，我们要意识到，并不是所有研究都是一样的。在本节中，我想讨论一个特殊的问题：小样本量。更确切地说，我非常担心一些媒体通过这些小样本量的研究就得出概括的结论。

为了说明目的，我想要特别强调一下最近发表的两篇受到媒体关注的文章。我想它们能够引起注意的部分原因是它们的研究成果说明了关于网络欺凌的传统观点（即传统的欺凌比网络欺凌更糟糕，而且人们看到后并不真的想要进行干预）。而我将用数据来反驳这些网络欺凌的传统观点。当然，有许多媒体基于一小部分学生的想法或经历对这些文章进行了广泛且似乎令人信服的报道。

传统的欺凌比网络欺凌更具伤害性

第一篇文章是由艾玛·凯特·科比（Emma-Kate Corby）和她的5名澳大利亚同事撰写的。作者分析了156名经历过网络欺凌和传统欺凌的中学生（114名女性和42名男性），目的是为了了解这些学生自己认为哪种欺凌更加糟糕。这项研究的经典标题为"网络欺凌并不像面对面的欺凌一样令人担忧"，事实真的是这样吗？

对这些经历过两种欺凌方式的学生所做调查得出的结论是，59%的学生认为面对面的欺凌更糟糕，15%的学生认为网络欺凌更糟糕（26%的学生认为两者同样恶劣）。所以，至少这个样本中的大多数学生认为面对面的欺凌更糟糕。但有趣的是，我们经常听青少年说在线的欺凌经历比在学校中受到的欺凌更难以承受。哪个"样本"更能反映大多数学生的经历呢？他们的还是我们的？

我个人认为，"哪个更糟"这个问题的答案会因学生及其经历的不同有显著的差别。不应该笼统地得出"所有网络欺凌都比面对面欺凌伤害的影响小"这一结论。但媒体的报道可能表明，这篇文章的作者并没有意识到这一点。一些经历过网络欺凌的青少年受到了非常严重的影响，另一些可能没有，这因人而异。

我需要指出的是，我知道这篇文章中的几个作者，也很尊重他们的工作。因此，我不能完全否定他们的结论。但我不认为他们会像一些媒体所做的那样广泛地推广他们的结果（即使他们的结论有后续研究的支持）。

很少有学生在发现网络欺凌时愿意站出来

第二篇文章是由凯莉·狄龙（Kelly Dillon）和布拉德·布什曼（Brad Bushman）于2015年发表的，两人都来自俄亥俄州通信学院。这篇文章旨在研究人们在在线聊天室中看到网络欺凌时是否愿意进行直接干预。样本包含了221名大学生（154名女性和67名男性）。目前尚不清楚学生是如何参与调查的，以及他们是否具有代表性（可能是来自俄亥俄州的学生）。

研究人员设定了一个场景，学生被邀请参与一项对一个聊天服务平台进行评估的在线调查。在这个聊天室中，一个同盟人员（研究人员）开始对第三方进行攻击。只有10%的注意到欺凌行为的参与者进行了直接干预（通过发送信息给攻击者，或通过联系群主的方式）。此外，大约有2/3的参与者通过退出聊天时评价聊天室环境差的间接方式进行了干预。我不清楚后一种行为是怎样进行"间接干预"的，但我认为这是一种在线的举报机制。

　　大多数报道这项研究的媒体其标题都集中在少数学生直接进行干预这一发现上。但也需要注意到"检查者"新闻网站上的一个标题："科学家证明在线巨魔——网络欺凌的成功是因无人干预或站起来反对"。让我感到不安的是对"科学家证明"和"无人干预"这些词的使用。这个研究中并没有对任何事情做出证明，而且"无人"的表述也是错误的，但这的确是报道的标题。

　　我们曾看到2014年的一个视频在传播相似的言论，视频似乎表明，大学生在看到有人遭受欺凌时不愿意上前制止。正如在学术期刊上发表研究论文一样，我们需要问自己，视频中的人是否真的能代表这个群体？也就是说，我们需要仔细考虑视频（以及之前两份研究）中的行为是否是大多数人会做的典型行为。研究的目的是确定那些非特殊或非偶然的现象，是那些具有一定规律和一致性的现象。大样本可以减少观察到极端案例的可能性。

我们能从中学到什么？

　　我们能从这些研究中学到的最重要的东西是我们有必要进行更多的研究。即使后来的研究结果证明这些研究的结论是正确的，从单一研究中得出一个明确的结论仍然是不明智的行为，尤其是这个研究中仅包含几百名受访者。小样本量适用于探索性的目的：试用未经测试的方法或探索新的研究问题。这样的研究应该用于指导未来进行更全面的调查，而不是制定政策或通过虚假标题获得点击量。

我们试图根据现有的研究量而不是一个研究来得到结论。例如，当我们说每四五个学生中就有一个在他或她的生活中经历过网络欺凌时，我们将根据我们所做的11项调查（调查中包含了超过15 000名受访者）以及我们对自2002年以来发表在同行评议期刊上的74篇文章进行仔细回顾（其中包括近150 000名受访者）。

样本量是否过小取决于被调查的总体人数的大小。例如，一所学校有60 000名学生，只对其中200人进行调查，那么你只考察了0.3%的人口。我们是否能够期望那200人基本上与所有60 000人类似（基于想法和经历）呢？负责任的样本（通常是随机选择的）会抽选足够数量的样本（如5%～10%）让我们得出结论。但如果选择了前20名参与调查的学生样本，他们的想法和做法就不太可能代表大学中11 000人的总人口。

不要误会我，我们的样本也不是完美的。许多社会科学研究都受一些问题的困扰，其中一些是不可避免的。在向某些人提问题时，我们都会做出让步。此外，获得大量且具有代表性的学生样本是非常困难的。然而，为了对网络欺凌行为取得实质性进展，研究人员需要尽最大的努力打破限制，记者们也有义务准确、负责地报道调查结果，而不是做出失实的报道。

问题反思

　　为什么在进行欺凌研究时需要合理采用大量的样本？你认为媒体为何会过度强调某项研究的结果？

学校禁止，脸书不禁

贾斯汀·W. 帕钦

家长和教育工作者对社交网站和应用软件潜在的犯罪性质感到担忧。尽管有证据表明，社交网站和应用软件在青少年中的流行度开始下降，但脸书仍然是社交平台中表现非常突出的一个。因此，它往往最先受到打击。许多成年人呼吁禁止青少年访问脸书，但也有很多人喜欢它。2010年，一位校长对家长们说："绝对没有理由让任何中学生使用社交网站！没有！"当然，有充足的理由限制对社交媒体的使用时间，尤其是对于年轻的网络用户。但是，当涉及欺凌行为时，学校显然是比脸书更加危险的地方。

欺凌 VS 网络欺凌

核心问题是，所有欺凌的形式都包括了针对某个无法招架的人，蓄意的、重复的伤害行为。虽然高科技为此带来了另一种途径和机会，但它确实没有创造出一种全新的层次，让人能隔空对某人实施欺凌行为。通常来讲，那些在进行网络欺凌的人也会在学校实施欺凌行为。

此外，就目前的研究来看，发生在学校中的欺凌现象比网络欺凌更加频繁。我意识到，这种说法与主观感受不符，但研究对这种差异颇为一致的表述让人不得不信服。例如，国家犯罪受害调查机构每两年对学生进行一次调查（学校犯罪补充办法）显示，2013年（最新数据）中小学生中，21.8%的学生在学校里受到欺凌,6.7%的学生在网络上受到欺凌。

同样,在我们所进行的11项研究中,网络欺凌的普遍率确实要低于学校欺凌的普遍率。在我们2010年所做的研究中包含了4 400名中学生,其中26%曾于近期在学校遭受过欺凌,8%近期在学校遭受过欺凌(其中4%是在脸书上)。2015年2月,我们对中西部一所学校的450名学生进行了调查,结果显示,在过去的30天中有33%的学生在校受到过欺凌,7%在脸书上受到了欺凌。

客观地讲,一些证据表明,线上和线下欺凌的差距可能会缩小。在校欺凌的数量近年来已经开始保持稳定或有所下降,但网络欺凌的数量可能正在增加,不过肯定不是以曾预计的最快速度上升。

试图弄明白不同形式的欺凌的数据其挑战之一是,调查问卷的问题往往是不恰当的。如果你向人提问,尤其是问一个青少年,他或她是否曾经受到过欺凌,除非给出其他条件,否则他或她一定会告诉你所有被欺负的经历,无论是在哪里发生的。例如,你问是否有人散播谣言或对某人重复说一些尖酸刻薄的话,但并没有询问具体发生的场所,那么我们就无法得知这些事情是在哪里发生的。因此,很有可能某人在网络上遭受了欺凌却被我们误以为是在学校中发生的(甚至可能是两种都发生过)。

毫无疑问,我们在晚间新闻中听到了更多关注度很高的网络欺凌事件,这给我们带来了一种错觉,好像网络欺凌是更普遍的问题。而且,随着十多年来科技的迅速发展,对高科技相关的问题行为急剧增加的假设并非不合理,但这并非事实。

关注网络欺凌仍然必要

请不要误会，我当然不是建议忽略网络欺凌。这仍然是一个对许多青少年产生重要影响的问题。在2015年夏天，我们阅读了所有能够找到的有关网络欺凌流行率的同行评议学术期刊文章。在这122篇文章中，我们发现，包括受害者数据在内，平均来看，大约有21%的青少年受访者说他们遭受过网络欺凌。这些文章中的数据差异很大（从不到1%到高达92%），但有一点是肯定的：网络欺凌正在发生，但不应该发生。

我们需要谴责一切形式的欺凌行为，无论是在网络还是在学校发生的，无论是在脸书还是在公交车上发生的，我们都需要采取措施对严重的、重复性的欺凌行为进行预防和适当抵抗。但是，为了预防网络欺凌而限制访问脸书就相当于为了防止面对面的欺凌而禁止上学。正如学校中即使攻击对象不在，某人仍然能够散播其谣言一样，网络环境就是如此。相反，成年人需要教导年轻人负责任地使用高科技并定期对他们进行检查，防止他们发生不当行为。我们还必须教给青少年自己解决欺凌问题的能力，为他们配备在网络上或学校里看到或遭受欺凌时可以利用的工具。只要青少年和成年人一起努力，他们就能形成一股强大的力量来对抗恶劣的行为，无论它们在何时何地以何种形式发生。

问题反思

你所在的社区中，欺凌行为更多地发生在学校里还是网络上？你是根据什么得出结论的？你是否认为禁止访问社交媒体网站能够预防欺凌行为呢？

欺凌行为会导致自杀吗？

贾斯汀·W. 帕钦

2013年德伯拉·特姆金（Deborah Temkin）在《赫芬顿邮报》上发表的文章其标题是一个简单的要求："别再说欺凌行为导致自杀"。特姆金是儿童趋势领域的高级研究专家，她曾协助美国教育部和奥巴马政府的禁毒工作。她的这个请求是合理的，正当的。当看到那些千篇一律地支持传统看法，认为欺凌导致自杀的标题时，我们会过度紧张。但实际上，研究所说的欺凌和自杀之间的关系到底是什么呢？

特姆金指出，一些研究表明，欺凌确实和自杀有一定的关系。但是，大多数遭受欺凌的青少年都没有死亡或是自杀，这也是真的。大多数人像许多社会科学家那样花了很多时间来研究两种行为之间的关联，但很多情况下，其中的关联远比因果关系更为复杂。有许多已知的与自杀相关的因素，与其他情景或持久的生活压力（如欺凌）相结合时能够预测到具有自杀的风险。但即便如此，大多数有过这种经历的人都不会自杀。

我认为，就像我们需要知道欺凌导致自杀的说法不合适那样，我们也需要明确欺凌不会导致自杀的说法一样不正确。坦白地讲，我们真的不知道真相如何。我从来没有见过任何一个研究在提出"欺凌导致自杀"这一假设后什么都还没有发现。我所知道的大多数研究，包括几个关于自杀倾向和企图问题的研究，都显示出温和而重要的正相关关系。也就是说，欺凌的经历是自杀的一个因素。当然，其他变量（如上文提到过的风险因素）也起着非常重要的作用。

需要指出的是，告诉一个丧子家庭他们的孩子不是死于欺凌对他们来说毫无帮助，在他们心里，孩子就是死于欺凌。我不会站在他们面前告诉对方，他们错了。我们已知的情况是：大多数遭受欺凌的年轻人并没有采取自杀的做法，但有些人这样做了。无论二者是因果关系还是相关关系，或是某些年轻人生活中共同面临的挑战的一部分，它都不会改变我们要做的事情。我们试图通过数据来研究青少年自杀的问题，并且确实得到了以事实或传闻为依据的数据（尽管很有限）为这些关系提供更高的可信度。但请不要将其误解为为了抵制经常误报问题性质的媒体，我们也不应跨越自己的界限。

因此，我将提供特姆金发表在《赫芬顿邮报》上的一段话：是的，人们应该"停止说欺凌导致了自杀"，但我们也不应该说它没有。最诚实的答案是，我们真的不知道为什么一些受到欺凌的青少年选择自杀而大部分人没有这样做。在许多情况下，我们有必要进行更多的研究。

当然，如果你有朋友想要自杀，请致电1-800-273-TALK与国家防止自杀生命热线联系。

问题反思

为什么很难确定青少年自杀的原因？为什么一些青少年在经历欺凌之后会选择自杀而其他人却没有？我们应该如何更有效地防止青少年自杀？

大多在网上欺凌的人也会在学校进行欺凌

贾斯汀·W. 帕钦

高科技给学生带来了大量与朋友沟通，共同处理学校工作的机会。当然，它也使得那些不怀好意的人做出反社会的举动。我们一直在探讨一个问题：高科技对一些人欺凌他人的水平造成了多大程度的提升。试想一下，如果我想要残酷地对待某人，但在学校做这种事可能会感到不舒服或不自信，我可能就会转向网络。这可能是因为我熟悉多种社交媒体环境，可能是我需要时间来构思仇视的言论或认真制订羞辱他的计划，可能是因为在学校这么做的话我打不过他，也可能是因为在学校更有可能被抓到。而藏在屏幕背后进行欺凌，有许多潜在的"好处"。

最近，我正在研究我们为研究此事于2010年在一个大型学区随机调查的4 400名中学生所得到的数据。我发现，很少有学生说他们进行过网上欺凌但没有在学校欺凌过其他人。具体来说，34%的样本只在学校受到过欺凌，10%的学生在学校和网上都受到过欺凌，但仅有1.1%的学生在网上受到过欺凌。所以，绝大多数进行过网络欺凌的人也在学校实施过欺凌行为（90%进行过网络欺凌的人都参与过学校欺凌）。我还查看了一个我们近期调查的数据（在2014年收集的600份中学生样本），发现有不到5%的学生对他人进行过网络欺凌，有75%的学生在学校实施过欺凌行为。

这对我们如何应对网络欺凌有什么意义呢？首先，一些教育工作者认为，如果欺凌行为没有发生在学校，那么他们什么都做不了。但这个观点是不对的，我们的研究表明，进行网络欺凌的学生极有可能在学校也会实施欺凌行为。无论是哪种欺凌方式，无论欺凌行为在哪里发生，只要这些行为阻碍了学生学习的能力或是让他们感到不安，教育工作者都应该对所有的欺凌行为做出应有的回应。

其次，无论欺凌在哪里发生，其原因都是相似的。也就是说，无论因为什么导致了网络欺凌的发生，都会导致面对面的欺凌行为。尽管高科技使得人与人之间的联系可以跨越时间和地点变得更加方便，但是欺凌事件的主要导火索仍然来自学校。观察这一点是否会随着时间的推移而改变一定很有趣。与我们有过对话的大多数人通常认为，网络欺凌比传统的学校欺凌发生得更频繁。这可能是因为我们听到的大多数新闻都是有关网络欺凌的案件，或者青少年对高科技的使用比之前更加广泛。但无论如何，事实上，大多数欺凌仍然发生在学校中。

这些发现确实引发了一些有趣的后续研究。例如，那些只通过一种方式实施欺凌的学生群体的某些特征是独一无二的吗？目前减少一般欺凌行为的干预方法对减少网络欺凌是否有效（是否反之亦然）呢？学校的某些功能（或网络环境）是否诱使他们通过不同方式进行欺凌呢？我们如何才能有效地让那些表现出有人际伤害倾向的学生知道是什么驱使他们做出这些行为的呢？

问题反思

学生为什么会实施欺凌行为呢？你认为网络欺凌和校园欺凌发生的原因一样吗？

网络欺凌的心理伤害是否小于直接欺凌？

贾斯汀·W. 帕钦

新罕布什尔大学（UNH）反儿童犯罪研究中心的研究人员在暴力心理学杂志上发表了一篇文章，探讨技术是否"放大"了骚扰对年轻人的伤害。有趣的是，这些年我们从许多年轻人那里听到了这样一种说法：他们所遭受到的网络欺凌和在学校遭受的欺凌一样糟糕，在某些情况下甚至更糟糕。研究显示，成为被欺凌对象的青少年感到缺少阻止被欺凌的力量，而且他们在向成年人报告这些行为时面临着更多的障碍。教育工作者们制定了政策并经过了训练来处理在校园内发生的欺凌事件，但是直至目前，校外的网络欺凌却没有得到同样的对待。此外，网络上的欺凌者有时是匿名的，但伤害性的内容是公开的。所以，网络欺凌在许多方面对经历者来说似乎更加糟糕。

然而，UNH文章中的一个特别发现又让这一观点产生了新的疑问。具体来说，一个（没有其他人一起遭受欺凌）遭受网络欺凌的学生心理上所受到的影响要小于那些遭受了面对面欺凌的人，而媒体将其误解为网络欺凌没有面对面欺凌严重。这只是问题的一部分，而不是全部的问题所在。

不同的研究方法

金伯利·米切尔和她的同事采用了一种独特的方法来研究年轻人的骚扰问题。研究者深入了解了具体事件并详细询问了受害者在单一的欺凌事件中的经历，而不是简单地询问学生，他们是否遭受过欺凌（线上或线下）以及他们近年来经历过多少次欺凌事件。这与大多数研究不同，其他的研究分析的单位是时间，而不是学生。米切尔和她的同事采访了791名学生，其中230名（29%）在过去的一年中至少遭受过一次欺凌。如果学生被欺凌了不止一次，研究者就会向他们询问最近的一次和最严重的一次事件（关注点仅集中在两个独特的事件上）。他们共记录了311个这样的欺凌事件（大约有1/3的学生遭受过一次以上的欺凌）。在这些事件中，44%涉及面对面的欺凌，19%涉及网络欺凌，38%涉及两种欺凌方式。

在某些事件中，那些遭受过线上和线下欺凌的人对他们的经历颇为悲伤："混合事件对情绪的影响最大，可能是因为这些事件发生在多个环境中，而且犯罪者倾向于与受害者有更多的社会联系。"的确，如果我们回顾一些关注度高的事件中的青少年在受到网络欺凌后的生活，就能够看到，除了网络欺凌，他们还被一些家庭和社会问题所困扰，包括在学校受到欺凌。

正如前文所述，我们发现，遭受过网络欺凌的年轻人通常也会在学校受到欺凌。例如，我们于2014年对美国东北部650名中学生所做的调查显示，12.4%的学生在过去的30天里受到过网络欺凌，这些学生中有超过80%的人同期也在学校中遭受了欺凌。因此，遭受过网络欺凌的学生很有可能也在学校中受到欺凌。UNH的研究并没有显示出这一点。

其他有趣的发现

值得注意的是，尽管大多数研究者提到，欺凌的定义应包含重复性和权利不对等，但在UNH的研究中有12%的学生认为不存在权利差异，并且只有41%的学生说这些行为重复发生。这当然使我们对欺凌的定义产生了疑问。萨米尔和我在《侵略和暴力行为》杂志上发表过一篇文章，更详细地探讨了这个问题。米切尔和她的同事在他们的研究中使用的一直是"同伴骚扰"而不是"欺凌"，因为他们承认，这两种行为之间存在着非常重要的差异。因此，准确地说，这不是一份关于欺凌的研究，而是涵盖范围更广的关于同伴之间骚扰的研究。

总结

那么，高科技是否会扩大对年轻人的伤害呢？虽然本文中的大多数研究得出的结论都是否定的，但是事实显然与研究结果不同。仅仅从我们发现的所有情绪结果（沮丧、难堪、恐惧、恼火、悲伤、不安、缺乏信任）来看，当高科技作为骚扰的一个因素时，受害者的这些感受就会更差。例如，在学生受到当面骚扰的136个事件中，13%的人感到难堪；在学生受到混合骚扰的117个事件中，30%的人觉得难堪。相似地，22%的当面事件的受害者感到恐惧，相比之下，有34%的混合事件的受害者感到恐惧。此外，15%经历过当面事件的受害者觉得无法再信任他人，而有42%遭受过混合骚扰的人认为，他们无法信任他人。最后，当面事件"情绪影响得分"的平均分为19.1，而混合事件则为23.1。

高科技看起来好像让心理伤害变得更加严重了，本节开头部分所提到的研究也为这个观点提供了证据。雷娜·布莱诺（Rina Bonanno）和雪莉·海梅尔（Shelley Hymel）认为，尽管对传统欺凌经历者进行过疏导，但再次遭受到网络欺凌会加深他们的压抑感和自杀的想法。和往常一样，事实往往比学者们（或媒体）能想象到的更加复杂，正如坎贝尔

（Campbell）、斯皮尔斯（Spears）、斯利（Slee）、巴特勒（Butler）和基夫特（Kift）在2012年的研究中指出的那样：虽然那些被当面欺凌过的学生说，欺凌对他们的生活造成的影响比那些受到网络欺凌的人受到的影响更加残酷和难以忍受，但从他们的心理健康水平来看，网络欺凌的受害者比当面欺凌的受害者具有更多的社会问题，也更加焦虑和沮丧。

这个调查只是简单地关注了一个问题——"仅"受到网络欺凌的人比那些只受到当面欺凌的人的伤害感更弱，没有更多能让我们得到启发的观点了。我不认为从UNH研究中所得到的信息是网络欺凌和面对面欺凌一样糟糕（即便这似乎是媒体的焦点）这一点。对其更准确的总结应该是："高科技加重了与欺凌相关的心理伤害。"

问题反思

根据你与年轻人共处的经验，你认为哪种欺凌方式对他们的影响更为严重？为什么研究到底是学校欺凌更严重还是网络欺凌更严重这一问题很重要？

第三章　与欺凌相关的法律内容

网络欺凌犯罪化

贾斯汀·W. 帕钦

　　多年来，关于是否有必要制定新的法律来约束网络欺凌行为这一问题，我在网站（cyberbullying.org）上写过多篇博客。现在，无论是对国家法令还是对城市法规提出修改意见，政治家们似乎都公开谴责网络欺凌行为并希望制定法规将其犯罪化，很少有人站在对立面，因此这种观点可能是一个安全的政治平台。但这个方法真的正确吗？

　　2014年在审理纽约奥尔巴尼发生的一起事件时，凸显了试图制定实用的网络欺凌法案所面临的挑战。这个事件发生于2011年，一个15岁的学生被逮捕，并以最新通过的县级网络欺凌法被指控。在这起案件中，这名学生被控告制造了一个"泄愤网页"，在网页上贴出照片并写有贬低其他同学的言论，其中一些包含了色情言论。他的律师质疑法律的涵盖范围过于宽泛，但上诉失败。学生最终认罪（但仍然保留上诉的权利）。他向奥尔巴尼县法院上诉，但再次败诉。随后，纽约州上诉法院同意审查该案。

　　这项法案（以及将欺凌行为普遍犯罪化）的支持者认为，那些欺凌他人的人需要被追究责任，如果学校和家长无法做到或不愿做到这一点，那么就应该由社会来做。反对者认为，这部法律是对自由言论的攻击或因其法案本身在尚未对许多基本要素进行定义或言辞含糊的情况下就匆忙立法而进行质疑。其他人指出（在我看来，这是正确的），进一步的刑事定罪将无益于解决欺凌的根本问题。

在最终审判中，法院宣布，奥尔巴尼县起草的网络欺凌条例并不严谨，因此无效。这只是一份草拟的法案，内容过于宽泛，违反了第一修正案的自由言论条款，"似乎该条款将在一般网络欺凌认知之外对自由言论进行宽泛的约束，包括诸如公开公司邮件中的隐私或公开那些会惹恼成年人的电话交谈记录"。

网络欺凌是不被保护的言论

所有美国公民，包括学生都有自由表达观点的权利。当然，这也是有限制的。我们没有权利在任何情况下针对任何人说任何话。而且，言论的内容与这番言论所产生的语境和后果同样重要。

例如，作为密歇根州立大学的一员，我完全可以表达我对密歇根大学体育队的不满。我可以站在公园的长椅上大声宣称我对他们的不屑。这是被保护的言论。但是，如果我是一个高中生并且在数学课上不停地表达这一观点，而且这一做法已经影响了学校的学习环境，那么这个言论就不受保护。长期以来，学校都被认为是一个特殊的地方。在学校中，必要时允许对言论和其他形式的表达进行特别的限制，以维护学校规则并保持学校的学习氛围。正如1986年美国最高法院的意见所指出的，"在学校，教导学生实施恰当的社会行为时，应该权衡校园中那些支持不受欢迎或引起争议的反社会利益的言论自由……宪法中没有任何规定说明此类表达是不合适的且应受制裁"。最近，这个解释扩大到包括一些学生的校外行为和言论表达。

同样，如果我在几个星期之内常常在半夜给某人打电话说"密歇根州立大学的体育队弱爆了"，我也可能受到刑事制裁（因骚扰）。虽然言论的内容受到保护，其传达方式却不受保护。因此，保证学校安全有序的任务不仅包括对言论内容的评估，也包含了对此言论在学校环境中所产生的影响（或可能产生的影响）进行评估。在大多数情况下都受到保护的言论也有可能在某些条件下受到纪律处分。

虽然有些人认为2014年纽约州法院的决定代表了言论自由者的胜利，并觉得该意见不认为网络欺凌应该被定为刑事犯罪，但这并不是法院真正的说法。事实上，法院的裁决谨慎地说明，如果有更多严谨的法律支撑就有可能禁止此类行为：网络欺凌的概念并不是受政府监管的约束，因此，就本案的目的而言，我们可以根据该行为的定义，假定第一修正案允许"禁止针对儿童的网络欺凌"。

我们先暂时搁置新的刑事法规是否有助于我们解决网络欺凌这一问题。我不认为这种做法能够起到很大的作用，也并不期望其他措施会更加有效。但是，学生的这种言论在脸书上受到保护吗？根据法院的推断，一般来讲并不能受到保护。

法院承认，大多数人同意此案中这个学生的行为是"令人憎恶的并对其攻击的对象具有伤害性，而且这些对个人的评论制造了潜在的身体或精神伤害的风险"。但是，法院主要以法律中规定的轻率言论与其言论进行比对，"尽管第一修正案允许奥尔巴尼县网络欺凌法规的限制条款，但当地法律并未对此进行规定"。

用什么来替代刑事司法系统？

通常来讲，我认为在解决大多数网络欺凌事件时应该将刑事司法系统作为最后一种解决问题的方式。如果一个青少年不断对其他人进行伤害性的、骚扰性的或恶意的网上欺凌行为，而且其家长以及（或）学校层面都没有对此进行有效的干预，那么法律力量或许就应该介入了。但即便如此，我仍然希望警方和检方能够努力制订一个适当的解决方案，避免给青少年加上刑事犯罪的罪名。

延缓上诉并纠正网络行为可能是解决严重网络欺凌事件的一种选择。如果这个青少年能够在特定时段内克制在线不当行为，那么其指控就可能不再成立，或者被告可能转到青少年法庭或与被其欺凌的对象达成司法和解。当然，还有许多处理欺凌问题的其他可能的途径，比轻罪的刑事指控更加有效。在对青少年进行指控之前，应该先用所有这些其他选择尝试解决问题。

确保相关法律的适用性

那么，什么样的网络欺凌法律条款能够通过宪法的审查呢？纽约上诉法院的意见中对此给出了一些提示。奥尔巴尼县的法令规定：网络欺凌是指任何通过机械或电子途径传播发送的交谈活动或产生的对话，包括在互联网上通过电脑、邮件发布的声明，散播令人难堪的或露骨的色情照片，散播虚假的、私密的或色情的信息或者因非法的私人或公共目的以骚扰、威胁、虐待、嘲讽、恐吓、折磨、羞辱等方式发送仇恨邮件。

这个定义中有几个词的含义是有问题的。在一条反对意见中，罗伯特·史密斯（Robert Smith）法官认为，一个网络欺凌法案应该清晰地指出只适用于学生（奥尔巴尼县的条例似乎也适用于成年人，甚至可能是公司）。我不确定为什么史密斯法官认为成年人应免于起诉其不正当的在线行为，但他似乎认为他们应该被排除在外。这项法令中还有一些不明确的术语需要更换。

奥尔巴尼县承认法令中"令人难堪的"和"仇恨邮件"等词语是模糊的，因此不可执行。一旦将其删去，我认为就没有任何违宪成分了。

因此，奥尔巴尼县又回到了起草程序。县长丹尼尔·麦考伊（Daniel McCoy）说，他们将制定一个既可以保护自由言论又可以保护儿童安全的（新的）法律。美国许多地方也可能在做同样的事情。虽然这项裁决仅适用于纽约州，但应该建议其他地方的立法人员对他们近期通过的法律进行审查，以确保其适用性。

问题反思

你所在的城市有网络欺凌法吗？如果有，它能否从这个案例中汲取教训并经受住法律的审查呢？如果没有，你能否起草一份得到法院支持的法律呢？你所在学校是否允许学生在校外批评他们的同学（或老师）呢？

是否应该发布网络欺凌管理法令？

贾斯汀·W.帕钦

最近几个月，我收到了一些来自当地民选官员的信，他们提议制定城市或郡县法令来约束网络欺凌（如前文中所提及的奥尔巴尼县的做法）。这种法令是当地政府（通常为市政府、县政府或镇政府）通过的在当地具有法律效力的法律或法定条例。例如，大多数城市都有管理机动车停放、禁止鸣笛、建筑特定标准或宠物许可等的法令。如果某人被发现违反了相关法令，那么此人将会被处以小额罚款。

在我的家乡威斯康星州的一些城市，近期通过了一些法令。此外，密苏里州的一些城市在2006年梅根·梅尔（Megan Meier）的自杀悲剧事件发生后颁布了当地法令来禁止网络欺凌行为。那时能够用来裁定网络欺凌或其他形式的网络骚扰等犯罪行为的法律还很匮乏。但关键是，制定当地网络欺凌法令是否能够有效地解决这个问题？以下是我的一些观点。

不同州的欺凌法

现在，美国的50个州都有欺凌法，而且其中多数州（48个）的法律都包括了其他通过电子途径所实施的骚扰行为。不同州的法令中的文字不尽相同，但都要求学校配备校警来防止欺凌行为的发生（除了蒙大拿州），同时，大多数州法都规定，要对涉及欺凌犯罪的学校进行处罚。因此，这些法律以及诸多案例都声明，发生在学校的欺凌或破坏学校学习环境的行为都应受到学校的监管和处罚。

此外，许多州已经为解决网络欺凌问题而在全州范围内立法。例如，在威斯康星州向他人发送含有威胁、恐吓、辱骂或骚扰意图的电子邮件或通过计算机与他人进行含有此类意图的交流都是B级违法行为。而且，通过电子沟通渠道做出"骚扰、妨碍或侵害"他人的行为将被处以最高1 000美元的罚款。与我交流过的威斯康星州的执法人员中很少有人提到有学生因违反这一法律而受到处罚，当然，威斯康星州（和美国其他州）的警察对学生的网络骚扰行为进行处罚的情况更为常见。

法令也许能成为州法制裁的替代品

总的来说，我们需要问问自己，"还有哪些欺凌行为或其他存在的情形没有涵盖在上述法律中而需要通过地方法令来解决？"我认为，如果你所在的州没有对欺凌或骚扰（在线或其他方式）进行明确的处罚规定，那么就有必要制定地方法令加以补充。一些地方官员向我表示，他们的县级地方检察官不愿意或不想对网络欺凌行为提出正式的指控，而且一部城市法令将权力授予当地警察，去调查那些牵扯进欺凌问题并被当地检察官传讯的人。我不认为这是处理欺凌问题的最佳解决方法，但这确实能够给一些存在问题并继续进行不当在线行为的人以震慑。

如果各州都有实用的网络欺凌法，那么当地社区就不需要再通过立法的途径来处理问题。我花了很多时间与立法者共同研究如何制定网络欺凌法。我主张使用能够着重强调学校在处理学生间各种不当行为以及有碍学生在校安全感和在校学习能力时的公认权威的法律语言。具体来说，我鼓励立法者采用以下说法。

学校有权力和责任根据宪法授予学生的特权，对发生在学校范围内、校园举办的活动中、校外由学校主办的活动或发生在校外、非学校主办的活动中的干扰教育机会、制造不良环境或者扰乱学校或学校主办活动的正常秩序的行为采取合理的、基于教育目的的纪律处罚。

当然，这种说法专注于学校在应对学生欺凌和网络欺凌方面的作用。父母在惩罚其子女时所采取的方式同样至关重要，但这很难通过立法来解决。威斯康星州的法律对当地法令而言还有一个潜在的好处（可能对其他州也适用，我不确定）。在威斯康星州，任何17岁或17岁以上的人与巡回法院（州级法院的下一级别刑事法院）进行的任何联系都将通过综合法庭自动化计划网站（www.wicourts.gov/courts/offices/ccap.htm）上传至网络。任何人都可以在这个公共记录系统中通过名字和出生日期找到他们所卷入的事件。在筛选应聘者时，招聘经理很容易通过这个数据库了解某位求职者是否曾有违反法律的行为。例如，如果一名高中生在她17岁时收到了未成年人饮酒罚单，那么这一事件将会被永远载入这个网站。因此，如果这个学生滥用电脑通信系统（例如，向他人发送骚扰邮件），那么她的这一违反了威斯康星州法律的行为也将被永远记录在这个网站上。如果你是一名网络欺凌的受害者，那么你可能认为这是一件好事：那些实施欺凌行为的人得到了应有的惩罚。但我认为，认定任何人尤其是青少年会因害怕被逮捕或其行为会被记录在网站上而停止对他人实施网络欺凌行为是不现实的。

这也是当地法令可能起到作用的地方。如果一个城市有禁止在线骚扰行为的法令，而且有市级法院，那么违法行为将在地方法院进行处理，因此不会记录在网络上。违法者仍旧会受到惩罚，但不一定会像州法那样对侵权人造成终身的影响。

对我而言，最重要的是，我认为绝大多数网络欺凌事件，至少是学龄青少年中发生的欺凌事件，可以而且应该在市级法院进行处理：父母与学校在正式的司法制度之外共同解决问题。如果是特别恶劣的骚扰行为或在被阻止后仍然继续不当行为，那么就需要通过正式的司法渠道来解决问题。总的来说，我认为单单一个地方法令并不能为解决网络欺凌问题带来多大的帮助。

问题反思

网络欺凌法对解决城市当地的问题是否有帮助呢？你所在州颁布的州法当中是否有能通过地方法令解决问题以弥补漏洞的呢？

电话搜查：里利诉加利福尼亚案对教育工作者的警示

贾斯汀·W. 帕钦

美国最高法院对有关执法人员搜查手机这一问题给出了新的解释。这项特别规定解决了执法人员能否对被捕人员的手机中的内容进行调查的问题。教育工作者也可以从中得到一些启发。在2014年6月公布的意见中，法院分析了两个独立的事件（一个发生在加利福尼亚州，另一个发生在马萨诸塞州）。这两起事件中，警察在没有手令的情况下搜查了他们逮捕的人的个人手机。通过从电话中搜集到的证据，两名被告都被定罪。

搜查是否需要得到许可？

作为一个基本刑事程序法中非常粗略、简短的步骤（不要把这作为法律建议），警察被允许搜查一些物品，例如，在很多情况下某人背的包。首先，警察需要得到搜查的许可。如果这是不被允许的行为，但警察有理由相信包中装有犯罪证据，那么，警察可以从法官处获得搜查令并进行搜查，法官会通过现有证据来决定是否允许这次搜查。如果这名警察认为搜查的时间很重要，而等待搜查许可会造成公众安全隐患（例如，认为包中装有炸弹），那么，此类搜查行为将不需要搜查许可（视为处理"紧急情况"）。该警察必须在事件发生后做出令法官信服的解释，以便其取得的任何证据能够在法庭上被接纳。

还有一种相当普遍的情况，即在没有手令、许可或非紧急情况下对某人的包进行搜查。一旦此人被捕，可以立即对其携带的任何物品进行搜查。这种行为的目的是确保被捕人员在听到警察靠近后没有藏匿其犯罪武器或证据。这正是法院在意见中提到的最后一种情况：一旦某人被捕，是否能够在没有手令的情况下搜查其手机内容？

手机与包是不同的

一些人认为，手机在本质上和包没有区别：它能包含"东西"，包括可能的犯罪证据，因此对待手机的规则与包是相同的。其逻辑是，一旦你被逮捕了，你的手机也应该接受搜查（至少这是加利福尼亚州和马萨诸塞州的警察解释法律的方式）。最后，法院一致反对这种做法，并规定手机与其他物品（如公文包或钱包）不同，因此适用于不同的规定。

有人认为，手机能够承载极多的信息，可以通过本机储存信息，也可以进行云储存并通过网络渠道访问，侵犯个人隐私的风险太大，因此无法在缺少合理理由的情况下进行搜查。即使允许搜查，也很难规定哪些内容可以被搜查，哪些不能。短信，联系人，相片，视频，备忘录？逮捕一个人并不意味着必须揭露其手机中或关于手机的所有内容。

需要说明的是，法院并没有禁止所有搜查手机的行为。相反，法院规定，某人被捕时不自动允许对其手机进行搜查，只有在紧急情况下或有合理的解释说明手机中包含犯罪证据时才能进行搜查。

对教育工作者的启示

那么，这项规定适用于教育领域吗？当然，并不适用。这项规定中没有任何语言明示或暗示法律或政策的改变，因此，教育工作者搜查学生带到学校的手机（或其他便携式电子设备）中的内容仍然是不合适的行为。我们知道，那些关于警察行为的规定与对教育工作者行为的规定是不同的。关于这种行为的法律，我的看法是，教育工作者实际上在一些限制条件下可以搜查学生的手机。但是，这些条件的界定还没有做出明确的规定，而且对于不同的教育工作者来说，确定一个搜查行为是否必要、是否合适也因人而异。

在另一个案件中，美国最高法院表示，学生受到免受不合理搜查的保护，但对执法人员而言，所要求的搜查标准（出于犯罪的原因）与教育工作者是不同的。学校教育工作者通常只需要表明搜查是"以合理的理由开始，在合理的范围内进行"即可。什么样的搜查才是合理的呢？专业人士对此进行了辩论，我们怎么才能期望学校管理人员准确地处理好所有的问题呢？这些问题很有可能最终只能在法庭上得到解决，但最好还是由学生自己和学校来解决。

我们制作了一个基本的清单供教育工作者参考，以分辨某个搜查行为在其特定环境下是否合理（参见cyberbullying.org/cell-phone-search-checklist-for-school-administrators/）。但需要再次强调的是，这些标准都没有经过法庭、法律的考验，因此只能作为参考。我们给教育工作者的建议是，除非出于安全考虑（例如，某个学生说，她刚收到了另一个人发来的短信，上面说他带着枪），否则不要对学生的手机进行搜查。在这种情况下，最好将此案件转交给执法人员，他们更熟悉处理这种问题的现有法律框架。更为重要的是，教育工作者与驻校治安警和学区律师应针对这些问题进行沟通，以便各方达成共识。不要在认为学生的手机中包含违禁内容时才想到采取适当的搜查程序。

> **问题反思**
>
> 你的学校对搜查学生的手机有怎样的规定？你是否就搜查程序问题与当地执法部门和检察机关进行过讨论？

伊利诺伊州的经验——教育工作者对学生私人社交媒体账户的调查

贾斯汀·W. 帕钦

2014年夏天，伊利诺伊州（有点悄悄地）通过了一项新的欺凌法，并于2015年1月1日起生效。与其他至少13个州的法律所提到的内容一样，这部法律明确了学校有权力对在校外做出扰乱教育进程和秩序行为的学生进行处罚。长期以来，这一直是联邦法案的标准。我很高兴看到伊利诺伊州的法律朝正确的方向改进（另见第三章第五节关于明尼苏达州的最新情况）。

伊利诺伊州州长签署这项法案的时候，该州的一位前教育工作者告诉我，这部法律似乎在另一方面允许教育工作者检查被其怀疑做出在线不当行为且对学校构成威胁的学生的私人社交媒体账号。我对这部法律进行了更深入的研究，结果发现，该条例又是另一部在2014年1月1日生效的法律（在最新的法律生效一年前）。2015年生效的这部法律可能将之前的条款范围放大到了校外行为。但是，为什么过了这么长时间公众才注意到这一点呢？

伊利诺伊州的法律

这部有争议的法律从明确禁止高等学校（其中没有提到小学或中学）索要学生或家长的账号密码开始。

专科学校为访问学生的社交网站或账号而向学生或其家长、监护人索要或询问其密码或相关的账户信息，或者以其他任何方式要求访问学生的社交媒体网页或账户的行为都是不合法的。

但是，更仔细地阅读法律时我们发现，这部法律似乎还有一个漏洞，从而使教育工作者在一些特殊情况下能够（或至少没有禁止）索要密码。

本节不适用于学校有合理的理由认为某学生的社交网站账户中含有该生违反学校纪律或政策的证据的情况。

这种情况具体是指什么呢？学校到底能否索要（或询问）学生的个人信息呢？这些条款是否只适用于专科学校而不适用于幼儿园至高中阶段的学校呢？

联邦法律

学生在校期间的隐私期望确实不同于其他场所。例如，法院允许学校官员对学校储物柜中的武器或毒品进行搜查，也支持学校通过抽查来检查学校运动员或其他参与课外活动的学生是否吸毒。

1985年的新泽西诉T.L.O.案中，美国最高法院赋予了学校检查学生在校财产的权力。法院特别说明，学校官员可以在合理怀疑学生的钱包中装有违反学校政策的证据（在T.L.O.案件中的卷烟）的情况下对学生的钱包进行搜查。法院强调，学生对其隐私有合理的期望……但学校同样有合理的需求以保持良好的学习环境，将二者相权衡，由学校进行搜查比警方介入调查更加有利。

简言之，"对学生进行搜查的合法性仅仅取决于在当时的情况下进行搜查的合理性"。最终，法院支持学校对钱包进行搜查，裁定在当时的情况下这是合理的行为。

21 世纪对学生进行的搜查

因为案例法涉及对学生手机的搜查，所以，我之前对其进行过分析，并说明了能够从2014年最高法院案例中里利诉加利福尼亚案汲取的经验，该案限制了执法人员对手机的搜查。考虑到所有因素，我认为可以确定在涉及个人数字数据和私人账号信息时，法院通常倾向于在隐私方面犯错。的确，学生通常对其私人社交媒体账户的内容具有隐私的期望，但"紧急情况"可以被理解为能够对其账户进行访问。例如，假设某个可信赖的学生向学校官员举报有同学在网上威胁说其制造了炸弹或说想要自杀，那么时间就是至关重要的因素，我认为法院会允许教育工作者或警方索要必要信息并展开调查。

可如果有学生在个人账号上发布考试答案怎么办？或者在其账号上批评老师或戏弄同学又该如何？这些行为肯定"违反了学校纪律或政策"，但其是否受法律的保护呢？

2014年，明尼苏达州的一所学校同意支付70 000美元的赔偿金（但不承担责任）以解决一起诉讼。在诉讼中，该校被指控因向一名六年级的学生索要其电子邮箱和脸书账号的密码而侵犯了该生的隐私。最初，这名学生被拘留并被迫在大厅监视器的监视下写一封关于其在网上发表诽谤言论的道歉信，但她再次登录脸书发泄其沮丧的情绪并试图找出举报她的人后，学校因为她的反抗行为对其进行了停课处罚。后来，有人向学校举报，这个学生还在网上与其他同学用不当的色情语言聊天。学校辅导员在学校与她面谈时，她承认对同学说了一些"淘气"的话，但这些都是在放学后或在校园外发生的。随后，学校官员和警方要求她交出脸书和电子邮箱的密码，以便他们进行调查。最初该生拒绝了这一要求，但学校官员以拘留为由威胁她，迫使她妥协。

这起案件最重要的结果是，事情得到了解决，却不是法院下达的命令。我们真的不知道法官或陪审团对学校的行为持有什么看法，但我个人认为，学校完全有权力对学生抱怨大厅监视器的监视和之后不服从管理发表不当的在线言论进行处罚。在我看来，学校的问题在于，管理人员在没有证据表明该生的行为威胁到她自己或他人时就强迫她交出密码。对学校或警方而言，在缺乏这些标准的情况下要求访问私人社交账号是不合理的行为。当然，如果某个社交媒体账号是公开的，那么所有人都可以进行审查，但学校仅仅可以查看并不意味着他们应该这样做。

给我们的启示

在至少十几个州都出台法律禁止雇主对其雇员或大学对其学生索要密码的情况下，伊利诺伊州出台的法律很不得人心。如果没有出台其他的法律，那么说明伊利诺伊州正在抵制这种趋势。也就是说，这部法律虽然已经出台一年多了，但我还没有听说过有哪一所学校尝试应用其条款。这部法律也没有明确其是否同样适用于小学、初中和高中。它似乎要求中小学校告知学生和家长，学生的社交媒体网页在必要的情况下可能会被要求访问，以便学校进行调查，但未明确指出学校是否拥有访问私人账号的权力。

如果我是家长，学校官员要求交出孩子的密码或其私人在线账号时，若没有搜查手令和警察在场（或至少我不在场的情况下），我会拒绝他们的要求。当然，如果有合理的理由担心我的孩子或其他孩子的安全，我会立即亲自和孩子对账号进行审查，以评估潜在的威胁，之后我才会在适当的时候将相关的信息移交给检查人员。我也会提醒我的孩子再次检查其所有社交媒体账号，使其都处于限制访问的状态（即设置为"私人"），这样只有被设为好友或关注者的账号才能查看账户中的信息。他们应该以类似的方法来确保其手机用密码进行了锁定。

如果我是一个教育工作者，我会在可能涉及学生隐私的情况下特别谨慎。再次强调，法律给予了学校一些检查的自由，但学校需要说明为什么鉴于当时的情形这种访问是必要的。如果我真的是担心学生或学校职工的安全，那就值得冒险。若不是这样，那我不能确定。对某些人来说"合理的"事情对另一个人可能就不合理，而且，如果另一个人是一名法官，可能就会给学校带来麻烦。我毫不怀疑这项法律最终将受到挑战，但希望不要涉及你所在的学校。

问题反思

学校是否应该被允许要求学生提供其私人账号的密码或手机解锁密码呢？这种做法的利弊是什么？你所在的学校里，教育工作者是否搜查过私人账号或手机呢？

明尼苏达州的新欺凌法案及教育工作者处理校外欺凌的能力

贾斯汀·W. 帕钦

2014年4月9日，明尼苏达州州长马克·代顿（Mark Dayton）签署了"安全和支持明尼苏达州学校法案"。这项法案更新了明尼苏达州反欺凌立法。更新于2007年的上一个版本被视为"全国最糟糕的法案"。我不确定这个形容是否准确，但它肯定是美国最短的欺凌法案，只有37个字。新的法律更加全面，但这也许是它吸引批评者目光的原因之一。

一些人认为，这是对当地控制力量的攻击或者是对家长应对欺凌行为时做出他们认为是恰当的行为的一种挑战；也有人认为，它威胁到了言论自由；还有人认为，这只是另一项对学校的无经费管理（而且，对于这个说法，我认为是"公平的"）。我注意到，学校似乎并没有额外的资源配置来执行相关的新规定。这又不幸地成为全国各地通过的新法案的常见现象（特别是新泽西州的欺凌法）。

解决校外欺凌问题

明尼苏达州新通过的法律另一个可能招致批评的地方是，该法案明确了学校有权力对校外实施欺凌行为的学生进行处罚。与此相关的新法部分内容如下。

学生欺凌行为规范、范围和适用条款。本条适用于在公立学校就读的学生对另一学生实施欺凌行为的情况，包括：

1. 在学校场地中，在学校集会或活动中，在学校交通工具中；

2. 在学校场地中，学校集会或活动期间，学校交通工具中或在学校的电脑、网络、论坛、邮寄名单上利用电子科技和通信方式；

3. 在校外利用电子科技和通信方式，且其实际用途为扰乱学生学习或学校环境。

这是我们已经详细讨论过的问题，前文总结了目前与这个问题相关的案例法。但我想要对学校能否以及何时能够对学生在校外发表的不当言论进行管理这一问题进行一个简要的说明。明尼苏达大学法学院的学生为其课题在明尼阿波利斯明星论坛上发表了一篇题为"学生言论：权利和规则"的社论评论，他们在文章中提出了一些相关问题。就在这篇文章发表之前，他们进行过关于自由言论的课堂讨论，因这次讨论涉及青少年网络欺凌问题，所以我也有幸参与其中。他们重点关注的问题似乎是，这方面的法律还远远无法满足实际的需要，而且新通过的欺凌法可能会引发学校行为受到法律的挑战，尤其是当学校在对学生的校外活动进行管理时。

法学院的学生声称，"大家普遍认为，公立学校的学生享有第一修正案权利，但在如何解决在家发生的网络欺凌问题方面还没有达成共识"。事实上，学生确实拥有第一修正案权利，包括自由表达观点的权利。但需要知道的是，法院的许多案件都表明，在校期间或是做出对学校造成严重影响的行为时，这种权利会被大大削减。

法院还支持学校对学生在校外的不当言论做出处罚的做法。这类案件的关键问题在于，校外言论是否导致或可以预见会对学校的学习环境造成严重的破坏。在那些法院同意学校官员的意见，认为某些做法会对学校造成或已经造成破坏的案件中，学校的处罚措施得到了法院的支持。我所知道的唯一一起法院没有支持学校做法的案件是，学校以极端的方法对学生进行处罚，最终导致持续性的惩罚（长期停课或开除），但学校并没有拿出有力的证据表明该学生对学校造成了破坏。我从没有看到任何一级法院在明知学校环境遭到破坏的情况下却没有同意学校采取措施的案例。也就是说，这种事情不是没有发生过，而是达到需要法院进行审判这一级别的案例中，还没有发生过严重到值得全国讨论的地步的事情。

即使学校超越了他们的权限对校外的非破坏性行为进行了处罚，法院也会很谨慎地声明，他们的裁决不会排除所有可能的情况，包括学校可能做出了正确回应的可能性。当然，法学院这些学生的看法也是正确的，他们认为，校外在线言论还没有直接得到美国最高法院的判决（尽管法院至少拒绝审查了3个案件，并由下级法院做出审判）。

明尼苏达州的法律并不是个例

值得注意的是，明尼苏达州的法律中所使用的法律语言并不是全新的，至少美国其他十几个州更新的反欺凌法案中明确了允许学校对学生侵犯其他学生的权利或实际上对学校的学习环境造成（或可能造成）破坏的校外行为进行处罚（如上文所述）。例如，新罕布什尔州法律规定：在校外或者非学校主办的活动和集会中，若对学生的教育机会造成了干扰或者实际上破坏了学校或学校主办的活动和集会，那么，在这些活动或交流中就可能发生了欺凌或网络欺凌行为。

田纳西州法律允许在以下情形进行处罚：如果行为发生在校外或学校主办活动之外，且该行为针对某个或多个学生并具有破坏教育环境或者其他严重干扰教学环境或学习进程的性质。

这些规定与现行的案例法一致,目前我还未发现任何与这些条款有关的法律挑战。

我的观点是,我们确实通过这些法律明确了一些事情,这些法案让我们知道在某些情况下学校的确有对学生特定的校外行为进行处罚的权力。但我担心学校管理者很难明确地区分哪些校外行为会对学校学习环境造成破坏,哪些不会。如果明尼苏达州立法机关能够明确地指出"实质性破坏"到底指的是什么(一些州法中有所明确,参见加利福尼亚州和阿肯色州的法律)就再好不过了。到目前为止,我们只是鼓励教育工作者在认为有必要制止欺凌行为时采取合理的处罚措施。他们唯一可能被起诉的情况是,他们故意对欺凌问题漠不关心(即使他们注意到了,也会忽略这一问题)或者采取过于苛刻的方式处理问题(开除或长期停课)。合理的做法一般是会被法院理解和接受的。

问题反思

在哪些情况下对在校外实施欺凌行为的学生进行处罚仍然让你感到困惑或不合适?在处理校外事件时,教育工作者应该受到哪些限制?

欺凌、残疾学生和联邦法律

萨米尔·K. 辛社佳

2015年在宾夕法尼亚州切斯特郡举行的一次会议中,我有幸认识了安迪·浮士德(Andy Faust)。他是斯威特、史蒂文斯、卡茨和威廉姆斯特殊教育法的权威人士。令我印象特别深刻的是，他的专业知识水平和对"残疾人教育法案"（IDEA）的准确认识以及一些被欺凌的儿童和欺凌他人的儿童可能受到联邦法律中对"残疾儿童"的特殊保护而受到保护。我告诉安迪，在我所在的圈子中没有人真正谈论这些值得讨论和分享以便让大家充分理解的问题及其影响。因此，我们就这个问题进行了几次探讨，试图解决这一问题。

总的来说，安迪指出，根据IDEA的定义，许多牵扯进欺凌行为（作为侵犯者或被侵犯者）的孩子都可以归类为"残疾儿童"。当这些年轻人以严重或长期的方式行事时，他们就符合了严重情绪困扰（SED）的定义。这是12个残疾类别之一，根据该类别的说明，学生有资格获得特殊教育服务。值得注意的是，SED的定义要求这个孩子具备在以下5个独立"特征"中有任何一种在很长一段时间内的表现达到"明显程度"。

这5个特征如下：

• 并非主要由智力、感觉或其他健康因素造成的无法学习的情况；

• 无法建立或保持人际关系并严重影响了其社会发展；

• 在正常情况下不适当的行为或感觉；

• 普遍存在的不高兴或抑郁情绪；

• 倾向于关于个人或学校问题出现相关的身体症状或恐惧感。

我们有可能将上述特征行为视作欺凌，这是合理的，但需要注意的是，在SED的定义之外存在所谓的社交失调法则，该法则意味着在这些情况下我们不能说某个孩子是SED。你可能想知道社交失调到底是什么意思。即使是在现代临床实践中，也没有与这个术语相对应的行为。这个问题也许与行为障碍或反社会行为相关，因此其意义最终受制于具体解释。

根本问题在于，人们无法轻易区分出哪些行为是"在一般情况下……是不合适的"以及在孩子对其他人实施欺凌行为时哪些是社交行为，哪些是有意识的乐趣来源或积极的强化行为。因此，我们要弄清楚哪些欺凌者是故意对他人造成伤害的，还是他们的那些欺凌行为只是出于其可能是SED的事实（参见上文中的重要特征）。如果是前者，那么，这些欺凌者就没有资格接受特殊教育服务，因为他们的行为是社交失调。然而，事实上，一些孩子并不是故意对他人造成伤害，而是他们将表现出的行为和对他人的欺凌行为作为一种解决他们是SED的这个事实的方式。这就意味着，他们需要接受特殊的教育服务。

问题的另一方面是，许多被欺凌的目标也可能显现出一个或多个SED的特征，且其特征达到"很长一段时间""明显程度"的标准，正如之前提到的特征，含有"在正常情况下不适当的行为""无法建立或保持人际关系"以及"关于个人或学校问题出现相关的身体症状或恐惧感"。因此，这些表现出来的特征足以严重到使他们根据SED的标准进行分类——根据IDEA对他们进行特殊教育服务。另一种可能是，一些被欺凌孩子的行为不仅是其反抗的机制，还可能是因为他们患有或产生自闭症谱系障碍。当然，自闭症是IDEA对需要（并应该）接受特殊教育服务的学生进行分类的12个类别中的另一种。

安迪还提出了另一个重要的问题：究竟什么是被欺凌的青少年，以及实施欺凌行为的青少年如果需要特殊教育的介入，那么是否应该将他们视作残疾学生？在IDEA的准则下，特殊教育的目的不仅仅是纠正学术障碍并为其提供支持。的确，对学习过程或进行学习的环境造成干扰的社交障碍和行为障碍与学术障碍大致相同。基本上，我们应该教育孩子有关抗学习干扰的方法，来帮助他们增强自我意识，提高对环境和状况的识别能力，以促进其态度和行为的改善；增强对消极情绪和负面思想的自我监测，以降低来自生活的压力爆发值；控制自己的行为趋向以及用中立或积极的情绪取代负面情绪进行自我管理。

当然，我们也需要对具有社交技能缺陷的青少年进行识别非语言社会线索和口语化及习语意义（这样他们就不会太在意其同伴语言中的字面意思）的教育，开始并持续与同伴或成年人进行恰当的对话。这些成果可以通过个人化教育计划（IEP）中的年度目标并通过特殊教育课堂中直接、明确的教学实践进行描述和监测。或者，也可以通过"相关服务"（例如，一般咨询、心理和心理健康咨询、一对一或集体社会工作服务）来进行。

安迪指出，特殊教育是进行干预的最后一种手段。对于那些已经被诊断为"残疾"且其行为表明他们的残疾性质的那些被欺凌或欺凌他人的孩子来说，进行特殊教育似乎是解决问题的最好办法。对于那些没有被诊断为"残疾"的孩子来说，我们应该采用一般的干预措施，提供各类可测量的、以结果为导向的帮助（如前文所述途径）。

我在与我的同事和朋友，美国残疾人法案（ADA）律师迈克·徒利（Mike Tully）聊天时深入探讨了相关问题。当表明这些行为是正式诊断为损伤［双极性、强迫性障碍（OCD）、注意力缺陷/多动障碍（ADHD）、焦虑障碍、抑郁症、对立性反抗障碍（ODD）等］的结果时，学校具有提供住宿的法律责任，而不是对侵犯者进行处罚以及为被侵犯者提供额外的服务或支持。学校不能惩罚残疾学生，也不能在惩罚学生的同时为其提供住宿。

攻击者和被攻击学生的家长可以在IDEA的支持下得到额外的支持、服务和资源，但学校应该确保进行正式的医疗诊断，以避免过度诊断。这将造成不利的影响，因为公立学校几乎没有资源来进行诊断，而且公立学校有因非洲裔美国男性倾向于活动过度（这是一种形式隔离）而将其列入特殊教育计划的历史。此外，也有必要保护学生免受那些声称某人是SED，因此限定其为需要接受特别优惠和服务人群等虚假声明的伤害。需要重申的是，只有在孩子被正式诊断为患有残疾的情况下，我们才能继续向其提供与IDEA相关的住宿，以便学生可以在没有强迫其妥协的情况下获得教育机会。而且，只有这样，该诊断才会改变学校对学生作为实施者或目标参与到欺凌行为中的传统反应。

问题反思

你所在的学校是以什么方式和程序来帮助那些欺凌他人的学生加以改正的？当关注重点是被欺凌的对象时，这些欺凌行为的实施者是否被忽视？你是否处理过与IDEA相关的任何索赔？你是否准备根据其规定来为学生提供住宿？

第四章 预防欺凌行为的发生，我们能做什么？

美国目前防范欺凌的手段是否完全不起作用？

贾斯汀·W. 帕钦

奥巴马政府在2010年秋季召开的第一次联邦支持的欺凌预防峰会上宣布对欺凌宣战。2011年开通了StopBullying.gov网站。同年，我参加了由奥巴马总统在白宫召开的一次会议，他说："这次会议的目的只有一个，那就是消除欺凌是无害的或是成长阶段不可避免的行为的思想。"从那以后，大量的资源被用于各种有关消除欺凌的计划和举措中，其盛况甚至可以被称为"欺凌问题工业化"。许多公司现在还提供有关欺凌问题简单的"解决办法"，但有多少是真正起作用的呢？

从刑事司法系统的努力中得到的经验

40年前，社会学家罗伯特·马丁森（Robert Martinson）发表了一篇文章，改变了历史进程，或者说至少改变了美国刑事司法系统的历史。他设法恰当地确定了对违法者进行改造的程序的有效性。在对现有的评估证据进行审查之后，他得出"除了个别少数和独立的方式外，迄今为止，有关改造程序的报告中还没有对犯罪者产生明显的影响的方式"这个结论。随后，政治家和媒体将这一结论转化为一个更简练的标题——"完全不起作用"。如果那时推特像现在一样流行，那么一定会有"完全不起作用"这个话题。

这篇文章及其随后引发的公众解释是历史性的，而且可以很容易地看出它对美国监禁率的影响。1980年，美国约有320 000名在押人员，到了2013年，这个数字超过了1 500 000名。1970年到2010年，美国的监禁率（每100 000人中）增加了5倍。

马丁森的文章被认为是强有力的，几乎瞬间推动刑事程序从原有专注于对犯罪者犯罪的根本原因进行改造的模式到将社区安全和犯罪管理置于优先地位的社会惩罚制度。其结果是由强制性判刑计划推动形成的30年的大规模监禁以及废除准释放状态假释委员会。然而，大多数人，甚至那些一直以来主张严格刑罚的人都认为，这个政策是失败的，它导致了更多的犯罪行为，而不是减少了犯罪行为，也就是说，无论是社会还是经济都没有得到半点好处。

关于欺凌预防计划的评估

一些人认为，我们现在对于防范欺凌所做的努力正处于另一个马丁森时期。联邦政府、州政府和地方政府一定会促进有关反欺凌的讨论和演说。但同时，资源紧张的学校仍旧在社会对他们能够解决这些问题的高期望值中挣扎。许多教育工作者因此转向研究各种预防欺凌行为的计划、举措和活动，以期在减少欺凌问题方面取得一些进展。不幸的是，他们的努力只有很少部分得到了严格的评估。而那些被评估过的内容已经证明，大多数做法都是没有实际用途的。如果你相信研究，我们为防止欺凌问题从20世纪90年代中期就开始进行的大多数研究到目前为止都还没有达到我们所期望的水平。伊利诺伊州大学心理学家桃乐茜·埃斯皮莱奇（Dorothy Espelage）对其进行了简单的总结：“美国采取的欺凌预防计划所产生的影响让人失望。”

最近关注度很高的数十次欺凌预防计划评估最终都得出了相同的结论：完全不起作用。最令人不安的是，2013年发布的一项研究表明，实施欺凌预防计划的学校实际上比没有特别针对此问题做出计划的学校表现得更糟。具体来说，“与那些没有欺凌预防计划的学校相比，那些有欺凌预防计划的学校的学生在学校中更容易遭到同伴的攻击。”这一观点是媒体提出的，并作为欺凌预防计划不起作用的证据被广泛传播。

在这项研究中，研究人员对来自美国各地195所学校的7 001名学生的数据进行了分析。这些学校中，65%有欺凌预防计划，据推测，这个数据是由学生提供的。那些说其学校有欺凌预防计划的学生似乎更容易暴露他们曾经受到过身体和精神上的伤害。这些伤害包括一些不同类型的行为，但没有对“欺凌预防计划”的定义做出具体的说明。所以，我们不能简单地将其视为计划失败的证据，因为我们还不知道任何有关计划“失败”的情况。还需要注意的是，这些数据是在2005年和2006年收集的，发生于联邦和州政府动员大家抵制欺凌行为之前。

最近，埃斯皮莱奇和她的同事审阅了19份关于欺凌预防计划的评估，他们发现，这些计划在低年级学生（七年级及以下）中更加有效，但在高中生中几乎没有起到什么作用：“总而言之，现在的分析表明，对于八年级及以上的学生而言，我们还不能放心地依靠反欺凌计划。”大卫·芬克霍和他的同事们调查了3 391名17岁的青少年，向他们询问了关于接触到的各种暴力预防计划的问题。他们发现，质量较差的计划和那些针对高年级学生的计划在防止同学之间实施或者被实施侵害方面并没有取得很好的预防效果。总的来说，这些学术文章整体上揭示了欺凌预防的现状。

我们能从中得到什么启示？

尽管有诸多令人失望的现象，但我仍然认为，我们不应放弃希望。萨米尔和我游走于美国各州，并与那些在预防欺凌和促进学生友善相处方面做得非常出色的教育工作者和学生进行了交谈。与这些人的对话使我们相信，一些努力达到了预期的效果。问题是，这些倡议没有得到正式的评估。总之，我们相信，学校确实采取了有效的行动，但这些行动需要被仔细地检查、记录并公布。

事实上，来自剑桥大学的玛利亚·多菲（Maria Ttofi）和大卫·法林顿（David Farrington）对44项欺凌预防行动（不包括针对暴力和侵犯的一般计划）做了细致的分析，并发现了一些努力没有白费的证据："基于学校的反欺凌计划是有效的：欺凌行为平均降低了20%～23%，受害行为降低了17%～20%。"多菲和法林顿对那些有效的反欺凌计划中的要素（例如，家长培训、操场监管、课堂管理）也进行了特别细致的研究。法林顿和他的同事认为，研究中存在一些亮点："接受过更高质量预防计划的孩子们，过去的一年中，同龄孩子之间的受害率和欺凌犯罪率在年龄较小（5～9岁）的儿童中较低。"高质量的预防计划包括"多天的演示、练习的机会、带回家的信息和家长会"。这使我们再次回到从试图遏制犯罪中取得经验。通过仔细阅读马丁森的文章，读者们会发现，他所说的并不是完全不起所用，只是我们的改造计划没有足够的资金以期获得更显著的变化。变化越明显，效果就越显著。在预防欺凌以帮助学校改善这一问题方面,我们对资金的投入还远远不够。正如有关如何有效预防犯罪的研究一样,多菲和法林顿发现,"一个项目的强度和持续时间与其有效性直接相关"。我们不能只是每年花几分钟时间给学生讲授欺凌问题并期望这个棘手的问题真正得以解决。复杂的社会问题需要一个全面的解决方案。

此外,现在还有新的证据表明,欺凌行为正在减少(或者至少没有显著增加)。最近国家犯罪受害调查的学校犯罪补充发布的数据显示,2013年自称受到过欺凌的学生其百分比下降到21.8%(在2005年至2011年进行的4次调查中,这个数据的平均值为29.3%)。最新发布的数据中,网络欺凌率也有所下降(从2011年的9%下降至2013年的6.7%)。现在谈论这个数据是否开始了下降的趋势,甚或是否代表了美国欺凌行为实际减少还言之过早,其他来源的国家数据中很少描述过类似的降低情况。青少年风险行为监测系统的数据发现,2013年有19.6%的学生遭受了欺凌,这一数据在2011年为20.1%。我认为,这些数据都说明,一些预防计划工作在某些情况下对某些学校的某些学生确实起到了作用。总之,有些计划是起作用的。重点是,我们需要做到以下几点:

1. 确定可行的计划(具有有意义的强度和持续时间);

2. 对这些计划进行充分的资金支持,使它们能够按计划进行;

3. 仔细对这些计划进行评估。

满足上述条件后,立法人员和决策者就能够与当地学区一起努力,推动实施最佳的欺凌预防计划。只有这样,我们才能看到问题行为开始持续减少。

问题反思

你所在的学校为预防欺凌行为做过哪些工作？你与你所在学区中其他学校的同事是否就预防欺凌问题进行过讨论？我们如何能够更好地促进预防欺凌问题的积极行动呢？

欺凌大会——学校需要知道的事情

萨米尔·K. 辛社佳

学校会通过组织全体会议来解决欺凌、吸毒和我们能想到的其他学生间的问题。一次中学的集会让我印象非常深刻，但不幸的是，我记得这次集会是因为我觉得无法与演讲者产生共鸣。当集会谈到欺凌问题时，我问自己，"的确，我们都意识到刻薄地对待他人是不正确的，但在我的学校中却没有发生任何改变，所以，为什么我还要努力改变这种现象呢？"我承认，这是一个失败者的心态，但在很大程度上我会将责任归到失望的、青春期焦躁的"自我"头上。

也就是说，我还记得我的学校中许多鼓舞人心的讲话，但都不是关于欺凌问题的。我确实觉得这些演讲很令人信服，给人希望、激励甚至有所启发。我并不觉得是上了一课，这些演讲能否让我觉得我可以做到那些事情，似乎真的取决于演讲内容的质量、传递信息的语气、讲话的水平以及所传达信息的相关性。重点是集会确实有其价值，但集会的规划和执行需要慎重考虑、合理预期。

将集会作为解决欺凌的办法

因为学校领导知道，欺凌和网络欺凌是其校园中存在的一个问题，并且想要采取措施处理这个问题，所以安排集会往往是他们想到的第一种方式。这是有道理的，因为相对而言，集会似乎是最容易实施的解决方法。通常，学校会做预算让领导（或者员工）寻找一个演讲者，在规定的日期和时间在礼堂、体育馆或餐厅进行演讲。这比采取真正能够解决问题的有效措施花费的时间和经费少得多，但至少学校为解决这个问题做了些事情。

可以肯定的是，供学校选择的解决问题的方式非常多。只要在谷歌上搜索"欺凌大会"，你就会发现无数演讲者的页面，其中许多人都自诩为"专家"（可能他们确实是，我不敢肯定）。很多教育工作者还收到了来自这些演讲者主动发送的电子邮件，鼓励他们查看其网站和问题处理方法，并且想让教育工作者请他们去给学生做演讲。这些演讲者的网站上描述了他们独特的演讲为何具有吸引力、互动性和激励作用，他们中的大多数人还提供了证明，强调集会可以给学校和参与的学生带来好处。这些都很好，真的很好。确实有必要以一种引人注目且强有力的方式与学生接触，培养他们的同情心，诱导他们对同龄人的善意和尊重，并让他们知道，当他们自己或他们认识的人成为被欺凌的目标时应该怎么做。而且也确实有必要寻找许多演讲者来帮助他们。但对于执行，我有3点建议。

集会是预防欺凌倡议计划的一部分

虽然欺凌大会确实有其价值，但即使这次集会对学生而言非常激动人心、有趣、令人难忘、让人印象深刻或是令人信服，我们也不能说这种单一策略能够取得立竿见影的效果。学生们需要更多的问题解决措施。学校可以将集会作为预防欺凌倡议计划的一部分，但研究表明，他们需要更多实质性的做法，例如，给家长发送信息，要求家长参加会议（以便教育工作者获得更多的信息），在教室中进行角色扮演以及为期超过一天的措施。即使效果很好，学校需要的也不仅仅是一针强心剂。演讲者的尝试对学校的工作具有很大的价值，能够让其他举措开始实施。这些举措包括：全面的反欺凌课程，同伴之间关系改善，对教师和职工在如何教授网络礼仪及解决问题方面进行特殊培训，社会情绪、压力管理和解决冲突模块，社交规范以及建立良好的学校风气。

考虑具体内容的影响

如果没有对演讲者或活动进行仔细的审查，而且没有对信息进行仔细的设计——从各方面对每个词进行了计划和准备，那么学校想要对学生施加影响和进行激励的良好意图就有可能起到反作用。例如，2014年一个学区在社区内的声誉受到了重创，因其选择的演讲者进行的互动练习可能致使某个学生过度脆弱（甚至引起情绪和心理痛苦），从而被进一步欺凌。至少有一个学区曾经因聘请的演讲者的演讲内容中提到将自残行为作为逃避痛苦的一个选择间接导致青少年自杀而被起诉。

认真选择一个好的演讲者让成功的概率最大化

有意在集会上请演讲者做演讲的学校需要尽心尽力对演讲者进行调查。这是确保演讲者可信赖且其演讲内容积极向上，给出实际解决问题的方法，并能够引领学校开展后续工作的主要方式之一。我们建议教育工作者与其他学校的同事联系，征得具体的建议。打电话给其他学校向你不熟悉的人了解情况时，不要害怕碰壁，要对演讲者的自荐信进行审查，但也要知道，一些演讲者可能不会将所有的问题都写在自荐信上。因此，我们还建议学校留出时间安排与演讲者通话，以便了解他们的风格、情绪、信念、内容以及他们将如何对学生做演讲。

> **问题反思**
>
> 你在举行集会的时候是用什么样的方式与你的学生进行沟通的？
>
> 在一学年中，你还运用了哪些方法来预防欺凌行为？

最好的欺凌和网络欺凌集会演讲者是怎么做的？

萨米尔·K.辛社佳

在第四章第二节中，我分享了那些在我看来是有举办欺凌集会计划的学校需要着重考虑的因素。我还要再花一些时间来谈谈我对演讲者本身的看法。正如你从过去的经验中已经知道的那样，别人的往往是最好的，也是我们最想得到的。贾斯汀和我在美国各地（偶尔在国外）举行过多场集会，我们真的非常乐意与学生、工作人员和家长进行交流，一起工作。虽然我们很希望能够为所有人做演讲，但我们无法做到这一点。因此，我将在这里分享我对最好的欺凌和网络欺凌集会演讲者的做法的一些观点。

演讲者一定要可靠

你可能听过这样一种说法：演讲的前几分钟决定了你是否能够俘获听

众。这只是一段非常短暂的时间，而且承受着吸引听众注意力的极大压力。可靠的演讲者会在这段时间内通过展示其对青少年生活和网络世界的熟知和欣赏（但不是以一种似乎是假的或是装出来的方式）与听众取得深度的联系。此外，他们必须立即吸引学生，不是以恐吓的手段，而是通过说明为什么他们演讲的内容对学生们的生活非常重要，他们所要传递的信息与此前他们接触过的其他反欺凌信息有什么不同。最终，演讲者和学生处于同一战线上。这些技巧通常会因演讲对象（小学生、初中生和高中生）的不同而发生变化，但掌握这些技巧非常重要。如果演讲者的某些表现背离了学生的立场（还可以扩展到学校的立场），那么，他们就无法完全理解现在青少年们的心态，不能完全了解在他们之间到底发生了什么，演讲的影响将大打折扣。

演讲应充满希望并给人以力量

总的来说，整个演讲应该充满希望并给人以力量。没有人希望在听完演讲后感到失望和沮丧，这会完全背离听众想要做出改变的心愿。当然，学生需要对欺凌和网络欺凌所带来的痛苦、遗憾和潜在的后果有所了解，并通过这种压力促进他们之间良好关系和良好学习环境的形成，但不能让这些内容肆意发散。没有人能够也没有人想要让这种情绪蔓延。演讲者必须确保其演讲内容保持平衡，并让学生感到活力四射而且准备好进行改变了。

演讲者需要关注积极的一面

许多成年人都热衷于青少年冲突、开玩笑、骚扰和怨恨，并试图通过分享这些故事来激励青少年避免做这样的事情。但我们发现，这种良好的意图只是一厢情愿，无法达到其本来的目的，反而会对学生造成不良的影响。

这些故事让青少年们认为在成年人的期望中他们很糟糕，需要被管理和控制，而不是给予信任和权利。贾斯汀和我始终坚信，演讲者必须指明青少年在社交媒体和电子通信方面做得好的地方，而不是一直强调那些学生做得不好的地方。演讲者应该举例来鼓励他们，例如，青少年通过支持正确的做法做出改变的事例。越来越多的网站分享青少年（和成年人）做出的有意义的正确的事情。你可以去看看我们的"文字伤害运动"，《赫芬顿邮报》的"好消息"，超值网站等内容。理想情况下，我们将正确行为的种子种在一些青少年的心里，希望能激励他们向正确的方向发展，模仿或自己创造出更多的正确的想法（针对他们的技能和情况）并为促进整个校园的变化做出贡献。

演讲者需要有好的演讲内容

演讲者所分享的数据、故事和案例都必须符合并反映出学生们自己曾经观察到的或是经历过的，否则演讲者的信息就会被认为是不相关的而无法被接受或相信。演讲当中应该是互动的、愉快的，有时是严肃的（我的意思是，我们最终将要在演讲中讨论一个相当严肃的话题）、让人印象深刻的、流畅的并且在某种程度上是特别的。演讲内容也需要随着最近的调查、趋势、热点、故事和问题进行更新（必要时，不要总拿柱状图来做演讲）。许多演讲者想要做到这一点，但从没有真正地更新过他们的演示文稿。这无法赢得或保持观众对他们所分享的内容的关注。演讲者需要记住，学生在此之前就已经了解这些信息，他们知道相同的主题将会带来的内容，因此很难将他们从沉默的情绪中调动起来，这也是为什么演讲内容总是最重要的原因。

演讲者需要给出解决方法

学生想知道，一旦受到虐待，他们能够信任谁；他们想知道，怎样才能真正地、确确实实地阻止被欺凌，如何才能匿名举报有关问题以及如何在社交网络或应用中屏蔽那些欺辱他们的人。他们需要明确的指导告诉他们如何进行干预，以确保他们不会被报复，他们也需要知道怎样做才能在保护他人的同时确保自己的安全。他们需要适合其年龄阶段的能够起到实际作用的明确的、具体的策略。同时，学校需要知道，许多演讲都能煽动起高昂的情绪，但是在给出解决方案方面做得不好。要在一开始就确定好你的目标，避免在演讲结束后总觉得缺少些什么。

演讲者应该提供一些后续资源

演讲者应该有一些留给学校供教师和员工参考、和学生交流，从而在集会后（理想情况下，每年定期举行）继续讨论这个问题的资料，例如书籍、材料、活动或其他资源。这些资源应该清晰地反映大会中所传递的信息，这样才能使后期的活动建立在大会演讲的基础上。如果演讲者没有相关的内容可以分享，那么他或她就应该在大会中推荐一个最好的材料。这能够表明，演讲者熟知这个领域并且花时间来思考哪些内容有助于学校长期的欺凌预防目标。

最后，一个好的演讲者和丰富的演讲内容能够组成一次完美的演讲。我知道这听起来很笼统，这就是为什么我想要对关键的部分进行深入说明，告诉大家什么才是真正重要的原因。我希望前文能够帮助那些致力增强关于这些重要问题的意识的一线工作者。如果我们毕生（以及所有在校的时间、注意力和资源）都致力传达这一信息，那么我们必须要做到最好。

通过公告板告知反欺凌政策和防范欺凌的方法

萨米尔·K.辛社佳

每当我在学校里为社区内的家长召开关于网络欺凌的大会或进行演讲时，学校领导通常会邀请我坐下来聊一聊关于他们正在实施的政策和项目。由此，我了解了他们为识别、解决和预防青少年滥用科技正在努力做的事情，以及他们所面临的一些具体困难，例如，通过避免引起误导的方式谈论色情短信问题，怎样通过有效的方式鼓励学生培养同伴之间的善意和尊重等。除了与他们分享一些成功的实践行为，我还鼓励他们在决定怎样做时也邀请学生参与到讨论当中。

学生应该始终明白他们能够在学校中发声

学生能够在学校中发声，意味着他们能够参与到学校的活动、课程、教学风格、实地考察、校园行为问题和其他学校考虑的问题中。我坚持认为，每所学校的决策者都应该定期与学生代表举行座谈会，甚至可以考虑让想要参与学校管理的青少年成立一个"学生咨询委员会"。这种情况下，学校领导应该在制定策略和解决办法时征求并参考学生的意见，还要持续欢迎学生对这些问题表达想法和意见。

学生比任何人都了解网络社交软件、游戏社区和高科技工具

学生可以告诉你学校中很多人使用的最流行的社交软件、最新的网络游戏社区和最热门的高科技工具（及其作用）。他们也会告诉你他们在朋友圈中看到的一些问题，例如，网络欺凌、色情短信、匿名恐吓和主要的电子信誉问题。创建一个安全的、客观的环境，邀请低年级和高年级的学生代表坦诚地为领导者提供他们所看到的和听到的（甚或参与的）与高科技相关的不当行为是非常重要的。

获得学生的内部情报

获得学生的内部情报能够让我们更好地了解学校政策的全面性、在学生中的威慑价值（如果有的话）、如何持续执行，以及是否得到尊重。由于学校的大部分学生都以安全和负责任的方式使用科技，并且通常享有学校中一些设备的使用特权，所以，他们不希望失去这种有利条件。因此，帮助大人们识别存在问题的领域并解决问题，不至于让个别学生的不当行为毁掉所有人的便利，也符合他们的利益。

还有一个附加的好处是，参与检查欺凌政策的学生不能以不知道为由说他们不知道欺凌行为是错的，而且让学生帮助学校来定义某种行为（甚至对违反规则的行为制定处罚方式）能够确保这些政策的时效性，适用于当下的问题。再者，如果学生参与了政策的制定，他们就能有力地推动政策

的执行。当制定新的政策或对政策进行修订时，学生可以帮助学校宣传这些政策。例如，学生咨询委员会可以进入各班，利用几分钟的时间给大家讲明新政策的目的，在早晨或下午的公告上分享这些政策或在学报、校园网站、学校年鉴上刊登有关内容。对学生进行关于潜在问题和担忧的教育越多，他们就越愿意利用合理的政策来防止对科技的滥用。

给年轻人机会，让他们为学校的正式规章制度、正式的和非正式的惩罚措施以及学校正在执行的（或正在考虑当中的）课程和相关计划的措辞提出意见和建议是一种非常好的方式。允许学生表达他们的想法和建议有助于改变学校的主流心态，并有助于促进关于适当和负责任行为（在学校和在网络上）的学风建设。的确，他们会让你知道在他们的观念中什么是不可行的，什么是能够成功的。

培养学生的素质和技能并从他们那里得到帮助

你最不想做的事情就是，在一个成年人认为非常完美，而在学生的实践中以失败告终的倡议上浪费时间、精力和资源。说实话，这除了加深学校在学生心目中完全脱轨的印象外不会带来任何好处。由于青少年完全渗透在高科技和社会的各个方面，因此，学校如何能够让学生在身体素质和知识技能方面装备得更加完善，从而成为一个良好的信息化公民，以怎样的方式宣传负责的网络行为最"酷"才是最好的，以及怎样让所有人都遵守规定等问题上得到学生的帮助非常重要。

问题反思

　　你所在的学校是否有一个正式的机制让学生发声并最终影响政策和计划的制订？你是怎样不断鼓励青少年充当学校的"眼睛和耳朵"，从而为学校预防欺凌和网络欺凌的工作提供意见和建议的呢？

制止青少年欺凌行为：可以做和不可以做的事情

贾斯汀·W. 帕钦

　　最近，人们对新通过的欺凌和网络欺凌法律很有兴趣。推行这些条款的压力似乎来自应当给实施欺凌行为的青少年以严厉的惩罚这一观点。但是会吗？震慑理论在刑事司法体系中是一个非常流行的哲学思路，因此也成为许多政策的基础（例如，强制性的语言等）。其前提是非常简单的：所有人都是理性人，且最终都会采取最有利的方式将幸福感最大化，痛苦感最小化。因此，理性人在成本（严厉的惩罚）增加的情况下更容易避免做出异常的行为。

　　这种思路的问题是，青少年的大脑尚未发育完全到我们所假设的理性程度，让他们在面对未知或不太可能的后果时可以做出正确的选择。此外，我们经常过分侧重于用正式的惩罚代替那些被认为更加有效的强有力的方式来作为强制遵循的手段。那么，怎样做才能阻止青少年欺凌他人呢？我们将在以下内容中提供一些基本的可以做的和不可以做的欺凌震慑。

不可以做的事情

1. 不要增加正式的制裁。正如上文提到的，很多人一直在主张加强对参与欺凌行为的人所做的刑事处罚。尽管自2009年以来立法一直无法在联邦级别获得通过，但是大多数州已经通过或提起了法案。新的法案对于明确和支持教育工作者在应对欺凌问题时所扮演的角色是有好处的，但那些试图进一步定罪的法律不太可能对这些行为具有预防能力。

根据我们与青少年一起工作获得的经验，新的刑法不太可能阻止更多的青少年参与欺凌行为。那些曾被劝阻过的人仍将继续，而新增加的惩罚也不太可能阻止更多的人参与进来。问题是，大多数青少年（以及许多成年人）在参与欺凌行为之前，根本不会考虑可能为这种行为付出的代价（尤其是可能的刑事后果）。他们通常会陷入当时的场景，无法思考他们万一被抓住将面临怎样的情形，而且他们都抱有不会被抓（或被严厉惩罚）的侥幸心理。

2. 不要制定零容忍政策。零容忍政策要求学校领导对被发现参与某些禁止行为的学生施加特定的，通常是严厉的制裁（一般是停课甚至开除）。这些政策最初的重点往往是限制在学校出现枪支武器和毒品等，但近年来，这种政策逐渐扩大到欺凌和其他形式的暴力事件当中。不要误会我——零容忍在政策上是一个好主意。教育工作者确实希望明确表达他们对在其学校发现的枪支武器、毒品或欺凌行为保持零容忍的态度，而且那些违反这一规定的人必须受到惩罚。但问题是，这些政策在定义上不允许教育工作者随意处理政策范围之外的情况。欺凌在很大程度上是一个人际关系问题，而且从事与父母沟通相关工作的教育工作者需要运用他们的知识对当下的情况做出合理的判断，需要根据事件确定专门的解决方式。在涉及青少年的问题上，"一刀切"的做法常常无法满足解决问题的需要。

3. 不要进行公开羞辱。耻辱是一种强大的力量，能够用来鼓励学生遵守规章制度。但把握不好力度就会造成完全相反的结果。历史上，社会已经用耻辱让那些与社会规范背道而驰的人感到羞耻。耻辱也具有意想不到的副作用，会切断被羞辱者和羞辱者之间的关系纽带。

澳大利亚犯罪学家约翰·布雷斯维特（John Braithwaite）认为，羞辱分为两种类型：分裂（或耻辱）和重新整合。当社会将某人定义为异类并形象地（甚至通过文字）将这个人从其群体中驱逐出去时就会导致分裂的羞辱。当社会对某种行为进行谴责而不是针对某个人时，即为重新整合的羞辱。在这种情况下，我们要避免给某人贴上"欺凌者"的标签，而要指出某个特定的欺凌行为应该被制止。我们并不是要给某个孩子定罪，而要对他或她做出的行为定性。即使我们以最好的意图来考虑问题，公开的羞耻对青少年通常来说脆弱和尚未发育完全的自尊心的打击也太大了。

最近有一些案例，父母（甚至教育工作者）公开地对孩子进行羞辱，向他们（和其他人）传递关于其不当行为的信息。北卡罗来纳州的家长汤米·约旦（Tommy Jordan）发布了一个长达8分钟的YouTube视频，谴责他15岁的女儿所做的不当行为，最终用9颗空心子弹向女儿的笔记本电脑射击。一位俄亥俄州的母亲丹尼斯·艾伯特（Denise Abbott）因对她13岁的女儿缺乏尊重的行为不满，在女儿的嘴上贴了一张画有"×"的图片，并且注明文字："我不知道如何管住我的嘴巴。我再也不被允许使用脸书或我的手机。请问我这是为什么。"

这种方法是错误的。在我看来，那些公开羞辱自己孩子的家长之所以会这样做，主要是因为他们觉得公开羞辱自己孩子的行为能够证明他们是

"好"父母。虽然这似乎是一种解决问题的创造性的方法，但我认为这样做带来的伤害比好处更多。父母和孩子之间情感纽带的重要性不必过多强调，公开的惩罚可能对其造成永久的伤害。

加拿大网络欺凌教育家和演讲家丽莎·艾伯特（Lissa Albert）也提到了这个问题。如果行为发生了变化，那么是因为孩子已经得到了教训，还是因为孩子对公开羞辱感到恐惧而使其停止了将要进行的不当行为呢？制定纪律的目的不应该是灌输对惩罚的恐惧，而应该是让孩子理解为什么这种行为需要改变从而改变其行为。此外，这些例子为父母对孩子的欺凌行为提供了一个可怕的范例。家长是这个世界上最应该保护自己孩子的人，而不是揭露和羞辱他们。

可以做的事情

1. 保证学生的利益。只有当人们在其生活中有价值时惩罚所带来的威胁才有效力，他们害怕一旦受到惩罚会失去这些有价值的东西。例如，只有在学生关心自己的成绩或者需要一个好的成绩来进入某所心仪的大学或得到奖学金的情况下，他们才会因取得一个很差的成绩而受伤害。课后留校对那些在放学后想要做他们真正喜欢的事情（例如，课外活动或与朋友闲逛）的学生具有非常强烈的作用。进一步来说，如果一个人失业、无家可归而且没有钱，那么对其进行短暂监禁的威胁就不足以阻止他做出不端的行为。在监狱里，他至少有床睡觉，有饭能吃。正如鲍伯·狄伦（Bob Dylan）有名的歌中唱的那样，"当你什么都没有的时候，你也没什么可失去的了"。阻止学生虐待他人，我们可以采取的最好措施是，让他们参与到其真正享受的积极的社会活动当中，这样一来，他们就会掂量学校的制裁和家长的惩罚的分量了。

此外，不必为了产生效果而将惩罚制定得特别严重。例如，至少现在我有一个完全良好的驾驶记录。在过去的20多年中，我从未受到过交通违章的处罚。尽管受到罚款的威胁阻止我超速驾驶，但至少对我来说，希望保持我无瑕疵的记录是一个强有力的激励。

2. 建立联系和进行干涉。人们不去做不当行为的另一个原因是，他们不想让关心他们的人失望。这种关系能够预防不当行为的发生。许多青少年不会受到上述惩罚的威胁，他们没有做出那种不当的行为，是因为他们知道他们的朋友、父母或其他珍视的人对此会感到失望。当青少年与其他人具有情感上的联系或社交纽带后，他们将会把规范和价值观内化，而且不想通过做出与这些原则相悖的事情让这些人失望。

虚拟监管的概念表明，孩子们的行为与他们所重视和尊重的成年人在某种程度上保持一致，即便那些他们所珍视的人并没有直接监督他们。例如，如果我非常重视我与母亲之间的关系，而且我知道她会因我欺凌他人而感到失望，那么我就不太可能去欺凌其他人。即使在她不在的情况下也是如此，因为我会考虑，如果她发现了（况且我母亲总是会发现的）我的这种行为，她会怎么想。当然，这只有在我和母亲之间真的有非常重要的关系且不希望因她感到失望而破坏这种关系的情况下，这种方式才有效。因此，这种方式的关键是在大人和小孩之间建立牢固的关系。

这种强大的影响力也会对一起工作的年轻人（例如，教育工作者、宗教领袖和执法官员等）产生影响。例如，我上高中时，有一次，我开着我的越野车去参加城里的一个活动。在我到达后的几分钟内，一个当地的警官立即来到我面前并因我在城中开车太快而警告我。他朝我大喊，他说看到我后要去我家等我，并且要给我开一张超速罚单。我真的不认为我开得那么快。即便如此，我的形象也被毁了。我非常尴尬，因让他失望而感到沮丧。这不仅仅因为他是一个警官，或因为他威胁说要给我开罚单，还因为一年前他是我的曲棍球教练，与我有很深的关系。我感到可怕极了。最后，他并没有给我开罚单，但从那以后，每当我开着越野车在城市街道上行驶时，我都开得很慢。

这是能让他人从中学到些东西的一次非常有意义的经历。花点时间与你的孩子或学生建立积极的关系。几十年来，我们知道花一点固定的时间在学生身上会产生怎样的效果（例如，每天2分钟，连续10天）。记住他们的名字。在他们下车时与他们击掌。向他们表明，你关心他们——我们知道你确实关心他们。这些做法都会带来变化。

3. 培养积极的校风。积极的学校氛围有助于实现激发和鼓励学生在学校尊重、合作、信任以及共担责任的教育目的。在此，教育工作者、学生和所有与学校相关的人都有各自的使命和共同的愿景。如果培养了这样的校风，那么所有其他的事情也都会步入正轨。相关研究一致表明，学校风气越积极，欺凌（和网络欺凌）的问题就越少。培养共同关注的思想会让学生更多地关注彼此，而且我们相信，学校中的成年人也会对此有所帮助。

由于学校的风气日渐变好，因此总体而言，欺凌事件也越来越少，最终会随着时间的流逝实现自我满足的愿望，欺凌也就不会发生了。如果确实是这样，那么欺凌问题就能立即停止并得到解决。学生知道这一点后，在发生冲突的情况下也不太愿意以欺凌的方式解决问题了。

总结

阻止社会中的负面行为，不仅需要制定新的法律，还需要解决现有法律带来的后果。考虑青少年的需求和愿望有助于我们制定一个更有效的解决措施的量化标准。事实上，无论正式的刑事处罚有多么严重，一些青少年都不会因为任何处罚而感到害怕从而停止他们的不当行为。但同样是这些青少年，如果他们所珍视的人卷入了这些不当行为中，那就有可能防止他们欺凌他人。

> **问题反思**
>
> 　我们真的能够阻止青少年的欺凌行为吗？在你看来，什么是阻止青少年参与欺凌实践最有效的方法？你能否想到其他的可以做或不可以做的事情呢？

学校是否应该监管学生的社交媒体账号？

贾斯汀·W. 帕钦

　近年来，有很多关于学校对学生的社交媒体活动进行监管是否适合的讨论。格林代尔联合学区是讨论的中心，它位于南加利福尼亚州，并且拥有约14 000名初中、高中学生。2013年，该地区与谛听公司（位于加利福尼亚州的赫莫萨海滩的科技公司，成立于当年1月）签约，对学生在网上的言论以及发表、分享的内容和各种行为进行监控与跟踪（大约每学年花费40 500美元）。在2015年至2016学年初，其他的几个学校也与该公司公开合作，监控学生的在线行为。

　谛听公司宣称，他们正在积极寻找任何有可能对该地区学生的安全和福利构成威胁的问题，包括网络欺凌和自我伤害。这些行动可能是学校发起的，也可能不是；可能利用学校拥有的技术，也可能不是。该技术还允许标记并报告使用毒品或妨碍课堂的行为，或是任何学生公开发表的被视为可能对学校造成影响的内容。

萨米尔和我经常与科技公司联系，他们已经开发了一种"解决"网络欺凌的技术并为此寻找学校投放这项技术。我们还没有因任何技术而失业，谛听公司正在做的事情也并不极具创新性或革命性。也就是说，问题仍然存在：学校是否应该监督他们的学生在网上做的事情呢？

家长的监督

大多数人都认为家长有责任对他们的孩子在网上的行为进行监管。在我看来，这种做法最好辅以积极参与他们的网络活动并向他们询问关于其发表的东西或其进行互动的事情。但是，经常有家长问我，安装跟踪或监控软件这种监管方式是不是一个好办法。这是个很难回答的问题。我无法告诉任何人，他们应该如何教育他们的孩子。因此，在回答这个问题时，我只能对可能造成的后果进行简单的说明。如果家长选择偷偷监视自己孩子的在线行为，那么最终他们会发现孩子们面对的一些东西。可这样做，一旦孩子发现父母一直在监视他们，将对他们之间的关系造成难以修复的损害。因为很明显，查找信息会违背现有的信任关系。

总的来说，如果家长们认为有必要采取这种措施，那我建议要让孩子知道他们的行为。家长应该告诉孩子自己为什么要安装这种软件，并解释这样做的主要目的是保护他们。最后，家长应该利用这个机会鼓励孩子，让他们明白，随着时间的推移，如果他们在网络上的行为都是负责任的、安全的，那么他们就会拥有更多的私人空间。对于刚刚开始学习怎样安全地浏览社交媒体和网络的早期互联网用户来讲，这可能是一种非常有效的策略。我担心的是,当一些家长听到学校付钱给公司来监管他们的孩子的网络行为后,可能会陷入虚假的安全感中而不去自己花时间做这件事。

当然,现实是,如果孩子想要绕过跟踪和监控软件是很容易做到的。他们可以借用朋友家的设备上网,或者从麦当劳或公共图书馆等地方登录。甚至有两个不同学校的校长告诉我,一个18岁的高中生用TracFone(美国手机运营商)或沃尔玛的先付现用设备给女朋友打电话,而他们的父母毫不知情。关键是,如果你监管得太严,青少年们会转移到"地下",那就更难跟上他们的动作了。最后,相关研究使人们怀疑监控软件在防止网络欺凌方面的有效性。这不是父母通常想要的解决问题的方式(不幸的是,他们希望的方式并不存在)。

隐私问题

有人认为,学校对社交媒体账号的监管侵犯了学生的隐私。我不是很认同这一点。大多数与我交谈过的学生都知道,他们在网络的公共场合发表的东西是开放的,所有人都能看到。他们知道,学校也会看这些东西。辅导员、校长和校警多年来一直在思考这个问题,和以前相比唯一不同的新问题是,现在学校正在通过第三方进行监视。

大多数学生表示,他们将脸书账号设置为私密状态。事实上,我们早期对于学生在Myspace(社交网站名称,还记得这个网站吗?)上的社交媒体行为的研究发现,2006年有不到40%的学生将其账号设置为私密状态;到2009年,有85%的活跃用户其个人资料访问受限。而且,这不是需要学生透露他们在做什么的那种调查。我们随机选择账户仔细审查有多少信息是公开的。因此,早在7年前学生们就意识到,有必要避免将其个人资料对外公布。此外，越来越多的青少年正在转向短暂记录的通信应用程序，如Snapchat（色拉布，社交应用程序），这增加了观察和跟踪他们的言论的难度。

校园文化是最重要的因素

在我看来，学校（当然，也包括家长）有义务跟踪学生在网络上的行为。然而，我不认为学校应该为了查找学生的在线不当行为而对学生的个人网站和社交媒体进行深入的监管。理想的情况下，花钱请一个公司来对学生的在线行为进行监控是没有必要的。我认为，学校应该用更多的精力和资源去发展每个人都关心的校园文化，就算发生了一些令人担忧的事情，也会有人站出来采取适当的措施解决问题。大多数时候，无论是对某人自己还是对其他人，每当有造成伤害的威胁发生时，都会有人发现的。学生们在这时会做什么呢？他们自己是否有足够的力量采取措施来应对呢？他们是否能坦诚地向大人说明他们看到或听到的事情呢？他们是否认为将这些告诉学校或家中的大人就能解决问题呢？

这样做还能带来另一个好处，通过鼓励和强化学生之间的互相关心，学校就拥有了更多对问题进行监管的人，而且，由于至少有一部分学生可以看到他人的私人账号中的内容（并不对第三方监控公司开放），学校能够发现更多潜在的问题。

考虑这样一个问题：当你问学生在遭受或者看见网络欺凌时他们应该怎么办，通常情况下，他们会说"告诉大人"。然而，当你问他们告诉大人是否能解决问题时，他们会说"不"。青年之声项目——斯坦·戴维斯和查理斯·尼克松（Charisse Nixon）所做的一份对美国12个州近12 000名学生所做的调查显示，只有大约1/3受到欺凌行为影响的学生认为，大人能够对解决问题有所帮助（29%的学生认为，成年人会使问题更糟糕）。因此，主要问题可能并不是学校需要在关注学生的网上行为方面做得更好，而是应该更多地考虑如何回应欺凌行为。如果学校能够以较快的方式回应欺凌和网络欺凌行为，在制止骚扰行为的同时不对任何一方造成更多的伤害或羞辱，那么，当将来发生类似的事情时，学生将会更加放心地让学校中的大人来帮助他们。而且，他们也会鼓励其他人这么做。因为许多学生都担心学校或者他们的家长只会让事情变得更糟，所以，他们常常选择默默地承受或在见到他人被欺凌时也只想着自己的安全。

因此，对我而言，更重要的问题是，教育工作者们在得到信息之后应该怎样采取措施。也许以后能够对第三方公司每天给学校传送的在线监控记录进行更深入的调查。但谁应该负责调查呢？谁来决定哪些事情严重到能够进行进一步的监视呢？如果学校没有发现他们应该发现的某个威胁怎么办？如果学校意识到了某个威胁但并没有尽快采取措施怎么办？我们还面临着更多有待解决的问题。

合理使用资源

还有一个问题是，这是否是对学校资源的合理使用呢？我所在的威斯康星州，用40 000美元可以雇用一位额外的学校辅导员，至少是兼职的。当学校预算紧张，经常裁员时，学校是否应该切断对利用科技手段解决社会问题的依赖呢？他们这样做是否正确呢？一些学校可能会利用这种方法避免为采取更全面有效的预防线上线下的欺凌问题的手段支付更多的费用（例如，社会情绪学习计划）。当然，监管、回应、重复总是预防这些事情发生的最好手段，但预防往往要花费更大的成本（即便如此，长远来看，这种做法往往是比较划算的）。

公众的看法通常成为支持学校花钱请其他人对学生在线行为进行监管的力量。但我仍然不这么认为。学校想要发现社交媒体上的潜在问题（而且越早越好），这无可厚非，但这种做法是否有效还有待观察。作为一个研究人员，我很愿意对这种做法进行评估。如果有学区能够任意分配一所学校参与调查以及后期的回访，以此研究这种方式是否能让学生的观念或者行为发生变化，那么，这将是一个非常有价值的研究项目。而且，这对了解有多少自杀行为能够通过这种方式被制止也有所帮助。格兰岱尔和谛听公司宣称，在他们的监控下，至少去年有一起自杀事件被制止。但不确定这次制止行为是否是因为有学校的人在没有公司服务支持的情况下得到了消息，并进行举报才制止了自杀行为。

> **问题反思**
>
> 你所在的学校是否正式对学生的在线活动进行监管？你是否认为学校与第三方合作使用他们提供的服务是一个好主意呢？你认为还有哪些方面让人担心却没有在本节中提到呢？

禁止歧视以防止欺凌行为

萨米尔·K.辛社佳

我们认为，美国所有的学校都应该是学习的圣地，学生在学校中有强烈的安全感能够集中精力学习，没有担心或恐惧的情绪。我们不能做那些让他们感到担忧或恐惧的事情，但我们绝对应该在防止骚扰、怨恨、欺凌和暴力伤害等方面付出努力。教育工作者每天都有很多事情要做，但这件事必须优先于其他工作。我们曾说过，约有20%的青少年在他们的生活中遭受过网络欺凌，我们绝不希望这20%的下一代遭遇同样的事情，或是其父母曾经受伤害所造成的影响对他们产生任何不良的后果（例如，自尊心差、情绪消极、情感和心理问题、违法犯罪行为以及自杀的企图或想法）。

如果你读到了这本书，那么你在看到欺凌或网络欺凌现象时就更有可能站出来反对并通过某种方式解决问题。我们对此表示感谢。这种良好的态势需要持续下去，看到国内有越来越多的学校工作人员加入解决问题的队伍当中，我们很高兴。但我们更希望看到的是，大家做出有意义的努力，对教育工作者（校领导、辅导员、教师、教练和教辅人员）进行培训和强化，让他们通过发现和纠正一些特征、现象来预防欺凌和网络欺凌行为的发生。例如，怨恨和骚扰行为通常是由歧视造成的，因此，我们认为可以通过关注这一特定因素采取有意义的措施。这样做可以防止发生更严重的冲突或避免造成更严重的后果。

学校工作人员在道德和法律上都有义务为所有学生提供一个安全的教育环境，一个没有歧视的教育环境。1972年教育修正案第九条要求学校防止和解决性骚扰与性别歧视问题。对这条法案的解释自法案通过后的几十年来已经逐渐扩大。可以肯定地说，如果学校工作人员知道了在校园内发生的任何形式的歧视行为让孩子感到不安且无法专注于学习，那么学校就必须对此问题加以解决。解决这类问题不仅仅是法律的要求，也因为若不对其进行处理，那么歧视对学生造成的伤害可能导致对学校管理和财产责任的控诉（以及声誉损害）。

我们认为，从根本上来看，同伴之间一切形式的骚扰行为都涉及某种形式的歧视。这可能是基于某人的相貌、打扮、行为、言谈，甚至是没有理由的歧视。青少年们可能会将很小的差异放大去开玩笑，或贬低他人抬高自己，或沉醉于歧视行为的刺激当中。换句话说，他们可能只是喜欢这种歧视他人的感觉。

简单地讲一个故事，希望你能从中理解这个问题：当我们在学校时，我们不能穿着印有不合适字眼的T恤。我们有时能听到学生被送往校长办公室，并被强制要求将T恤反穿或等父母送来其他的衣服给他穿。这看起来可能不是什么大事，但在这种规则和行为的背后隐藏着一种逻辑。

第一，T恤上不合适的内容会对学校努力营造积极、安全、良好的氛围造成损害。这听起来很虚，但所有学校都有责任创造并保持一个互相尊重、包容、支持的学习环境，让所有学生都有成功的机会。

第二，这种T恤对学校中其他学生和员工来说可能是冒犯性的或歧视性的，因此侵犯了他们的公民权利。例如，2008年美国上诉法院维持了田纳西州学校的决定，对一个穿着印有联邦国旗的T恤的学生进行了处罚。法院同意学校管理人员的意见，认为这件T恤确实能够对学校的学生和员工造成歧视。本案中，法院出于对社区和学校中的种族骚乱可能会影响学校安全的考虑，做出了裁决。

第三，学校没有必要引发负面的关注，以免分散学生的注意力。因此，如果这些有问题的内容（或那些能够制造这种问题内容的行为）对学校的目的（例如，创建并维持安全的学校环境）造成了影响，那么学校就可以对它们进行处理。这种内容和行为可能是由穿着不合适的衣服、使用不合适的语言以及做出不合适的行为造成的，若不对此进行处理，就可能导致更加严重的人际伤害。

教育工作者和其他提供青少年服务的专业人员需要记住，你们比想象中的更有权力来解决这些问题。我们鼓励大家花时间解决问题，甚至是那些非常细微的歧视行为。设置一条强制的红线，并为学校中的每个人（包括孩子和成年人）营造出相互包容、尊重、善良的氛围，让他们感到彼此都是朋友。当你发现不当行为时，要及时制止并当面解决问题（如果这是一个意外或是玩笑，那么可以以此来对他们进行教育）。即使现在你还没有看到或无法衡量这么做的价值，也希望能够减小未来你的学生发生欺凌和网络欺凌行为的频率，并缩小其范围。

> **问题反思**
>
> 你有哪些具体的方式可以在同伴中营造一种相互包容、促进多样性并相互尊重的氛围呢？你是如何让孩子们帮助你维持这种环境的？其他教师和同事是怎么帮助你的？最后，有没有办法能让家长强化这种氛围？

促进孩子间友好相处的建议

萨米尔·K. 辛社佳

贾斯汀和我在我们所进行的学校培训和演讲中一直强调的一点是，我们不只希望孩子不去做那些错的事情（例如，不参与欺凌和网络欺凌），我们更希望他们能主动地做一些正确的事情（例如，为他们所在社区中的学校营造良好的氛围做出力所能及的贡献）。如果我还是个学生，我也不愿意去一所孩子们彼此都不友好甚至会欺负对方的学校上学。但是，如果学校中的每个孩子都低着头，只关心他们自己的事情，以一种非常孤立和自我关注的方式生活，我不会为在学校中的生活感到很兴奋或充满希望，而且这会让我觉得，所有人都需要离开现有的生存模式并通过另一种途径期望美好生活的到来。

我希望能去一所学校，在那里，我的同学和同龄人共同营造并维护一个充满关怀、同情和相互尊重的环境。那么，我每天早晨去上学将会非常有动力，上学也将成为我健康和充满活力的生活的一部分。从我们与成千上万个年轻人一起工作的经验来看，我不知道他们想要的这种环境何时以及如何才能以一种有吸引力或成功的方式而不是失败或不成熟的方式成为现实。为此，成年人应该教育他们、鼓励他们并帮助他们实现这一点。可以肯定的是，有时教育工作者天真地期望孩子们在他们成长的早期就知道并能够运用黄金法则。然而，如果没有通过努力去指导并培养孩子们的善良，那么你的学生就很有可能不会重视他人。

有趣的是，现有的研究表明，那些学习并确实同情和关心他人的人更有可能建立长期的积极行为模式。威斯康星州立大学麦迪逊分校的理查德·戴维森（Richard Davidson）和他的同事们一直在研究善良的行为如何让大脑产生变化。他们发现，那些学习了同情的人更加慷慨，而且慷慨的程度与大脑对涉及同情受难人员和增加积极情绪的反应区域中产生的变化有关。总之，鼓励儿童和青少年以善良和关心的方式对待他人可能会引起神经学的变化，并导致对他人持续地扩大友善和同情。

考虑到这一切，我们希望能提供一些具体的方法，以便大家鼓励和支持周围的孩子们通过冷静的思考和对他人的关心来打击线上与线下的欺凌和网络欺凌行为。

创建一个社交媒体赞赏账号

大多数青少年都在一个或多个社交网站平台上创建了账号，并且非常享受这种环境。也许你可以鼓励学生创建一个独立的账户，并以匿名的方式赞美他的同学。这个想法被凯文·库维克（Kevin Curwick）通过其推特账号@OsseoNiceThings和耶利米·安东尼（jeremiah Anthony）通过其在脸书上创建的"西部高中兄弟"赞美页及推特账号@WestHighBros发扬光大。现在已经有几十个由年轻人以鼓励和赞美同伴为目的创建的社交媒体账号了。

参与随机的善意行为

在各行各业工作的越来越多的人都意识到，善良其实很酷。做出匿名和出乎意料的善良行为就更酷了。我们需要鼓励孩子们在学校或更广泛的区域里做出随机性的善良行为。在网上搜索孩子们善良行为的案例能够给他们灵感。推特上有许多视频［Random Actof Kindness（话题名，不经意间的善举）］也能够给他们启发。

制作一个宣扬善良的视频

很多青少年对促进积极行为有许多好的想法与同伴们分享。给予他们创造的自由，带着简单的鼓励他人变得更加善良的目的，去制作一个简短的视频。他们可以在班里采访学校或社区中的"名人"（例如校长或市长）。让他们去探索如何变得更加善良，他们会给你惊喜并且很可能发现一些引人注目的事情。那时，你就可以将这些视频上传到YouTube、学校网站、社交媒体账号和其他可以促进教学的工具上，来教育更多的人。

制作宣传海报

所有年龄段的孩子都能够做到的事情是，设计一张激励人心的海报并张贴在学校的墙上。这并不需要他们有多好的美术天赋进行绘画创作来鼓舞他人变得善良。老师可以在特定的课堂上让一些学生一起制作海报，并在星期五下午或周末悄悄地张贴在学校里。其他的学生星期一来上课时就能被他们看到的这些海报所震撼。

总而言之，要记住，培养孩子们的善良品质并不是一项大工程。最好的做法往往都很简单。只要家长、教师和青少年通力合作，就能在打击各种形式的残酷行为方面取得巨大的进展。当你分享这些充满善意的想法和故事时，希望你的学生能够意识到他们需要写下自己的故事，以便在学校、社区甚至更大的范围内留下一个积极的印记。

问题反思

上述想法中，你认为哪个最能吸引你周围的学生？你还能想到其他的促进积极性的主意吗？你怎样通过非正式的途径引导孩子们参与到更多善良的事情当中？

学校的反欺凌学生联合会

萨米尔·K.辛社佳

初中、高中学校运动队举行赛前动员会已经有几十年的历史了，而且这种方式能够非常有效地在运动季到来前或大赛前鼓舞士气。举办赛前动员会有多个目的，并且都非常重要。第一，这种动员会真的很能鼓舞学生的士气。如果我是一个学生，我也会为我的同学激动，而且相信他们有机会、有能力取得成功和胜利。第二，动员会与我们的身份以及我们渴望成为集体中的一分子这种心意相关。在这种情况下，如果你是一个学生，无论你扮演的是骑士、战士还是斯巴达勇士的角色，你都属于队伍中的一员。你不是一个人在战斗，而是支持着你的队伍并与那些你认识的以及关心你的同伴们一起朝一个共同的目标而努力。第三，赛前动员会打破了学校日常的单调性，并为大家举办了一个有趣的、充满活力和鼓舞人心的活动。这很重要，因为学生需要在常规学习的基础上进行适当的放松。

一些学校开始为促进学术发展（而不仅仅是为体育运动取得好成绩）而举办动员会，并想出了一些很有创意的方式将其展示在院长名单中或荣誉墙上进行表彰，或者以其他方式为其学术目标或对社区进行改善给予奖励。由此，我们能够看到一种趋势，一些学校由积极的青少年带头决定举办反欺凌动员大会。现在，问题变得有些复杂，因为所有人都可能会说："我们为什么被叫去体育馆（或礼堂）？""这里到底在干吗？""天哪，我希望这次活动有点效果！"因此，为了让那些对此感兴趣的学生或老师以及员工享受到一种有意义的体验，学校应该做到以下几点。

1. 谈一谈欺凌、恶作剧和其他冲突都是如何具体地对学校及其学生产生影响的（要真实、诚恳、用心地说）。

2. 为了让所有人都能度过一个愉快的学年，应该与大家分享学校将要如何来制止这些行为的发生。

3. 让所有人都认清"大家是一个集体"这个事实，也要让他们明白，作为集体中的一员，所有人都应该以正确的方式行事而不应对他人做出不当行为（他们有责任去做正确的事情，大多数人是这么做的，但还有些人需要改正）。

4. 邀请一位演讲者，让大家充分地了解欺凌和网络欺凌给人造成的伤害有多大，因此，这种行为需要在学校中被禁止。

5. 邀请一位DJ，创造出一种派对的气氛，让所有人为自己是这个学校的一员而感到非常快乐，让他们自觉遵守学校的规章制度，去做那些正确的事情（尽管这有些困难）。

开会的目的不是讲道或演讲，或是干巴巴地告诉他们，欺凌他人是不当行为，而是在学校举办一个正式的集会，让大家可以聚在一起围绕一个问题进行真诚的讨论，能从中找到乐趣并度过一段难忘的时光（获得一些思想上的启发），他们会明白这一点的。这就要求集会内容在二者间保持微妙的平衡，并找到实施的策略，虽然困难，但这是可行的。

问题反思

你所在学校是否举行过类似的反欺凌或促进友善动员大会？成功了吗？有什么不足之处？你从中得到了什么经验？在你所在的学校环境中，你怎样看待这个想法及其价值呢？

反欺凌主题的学生戏剧表演

萨米尔·K.辛社佳

我们对于学校用于促进积极学风并减少学生间冲突和欺凌行为的好方法向来很感兴趣。其中，有一种方法在一些学区中很管用，即创作并表演一出将社会规范交织在故事线中的校园剧。可以包含一个或几个不同的短剧，通过创造性的、紧密相关的和令人印象深刻的方式来传达实际生活中有关积极在线行为的社会规范信息。这种短剧可以在学校的各个班级中演出，展示给所有的学生团体或作为课后活动和课外青少年节目的一部分进行表演。

短剧可能包括：一个给她一见倾心的男孩发送色情短信的女生和一个告诉她这种行为并不酷的她的朋友。这当中也应指出，其他没有发送色情短信的学生有充分的理由不这么做。此外，这种短剧可以通过互动的方式进行，让演员征求观众的意见并将其拼凑在剧中以传达相应的社会规范。短剧应是有趣且具有观赏性的，但同时也要直接指明问题，并将重点放在学生应该如何以积极的方式使用高科技产品。短剧应该由具有创作天赋的学生剧团来决定如何使用道具、演员来呈现剧本的内容。如果做得好，那么所有参与短剧创作的同学都可能受到积极的、持久的影响。

我们的一个同事——来自华盛顿州西雅图主根剧院公司的教育和外展负责人南森·杰弗里（Nathan Jefrey），最近与我们分享了他对这些反欺凌短剧的价值的看法。他的团队在西北部的学校进行社会问题戏剧的表演已经将近30年了，并且每年都为超过90 000名学生进行表演。在20世纪80年代，他们的团队将重点放在毒品和酒精问题上，而且涵盖了大量有关对青少年群体产生重要影响的其他主题。最近，由于在线冲突和恶作剧似乎是导致学校暴力事件数量增长的主要原因，该团队希望通过努力来解决网络欺凌问题。

早在2008年，主根剧院就首演了一部名为《新女孩》的戏剧。这部剧中有5个角色，瑞秋是克莱门茨高中的一名新生，她被迫通过短信和脸书参与到针对另一名同学的仇视和骚扰之中。这部剧在中学的演出取得了巨大的成功，在2008年到2011年演出了210多场，并且获得了媒体的极大赞誉。自此，主根公司又创作了一部名为《别告诉杰西卡》的新剧。这部剧专门针对学生在社交媒体上的互动问题。

南森说："我们的戏剧旨在激发校园范围内的讨论，并为学区成员讨论相关问题创造一个模型和框架。我们的表演能够让那些成为欺凌目标的学生找到同伴来帮助彼此解决问题。那些做出欺凌行为的学生需要这个机会看到遭受欺凌的学生的样子，这样他们就能开始同情他们的遭遇和痛苦了。"

主根剧院的戏剧做得最好的一点是，该公司将作品的脚本出售给任何想要自己进行表演的学校。我也很欣赏主根公司提供表演前和表演后的问题讨论来进一步激励年轻人对作品的主题进行深入的思考。这能帮助学生进行头脑风暴和角色代入，可以让他们作为受害者、施害者或目击者真正地进入那个情境当中。此外，表演的一个重要目的是鼓励学校确定能够在校园中部署的预防性战略和解决方案，为营造更加健康、安全和快乐的校园环境做出贡献。从根本上说，戏剧能够让青少年充满希望并激励他们共同努力，从而创建一个人人都觉得安全、被尊重和有价值的环境。

问题反思

你能否列举出一些能以青少年滥用科技和传递积极信息为主题进行创作和表演的学生或者员工呢？你能向他们提供怎样的象征特点和必要支持来帮助他们完成这个作品呢？

教育工作者、学生和有关滥用科技的会议

萨米尔·K.辛社佳

随着社交媒体在青少年中的普及，学校工作人员已经清楚地意识到在网络上发生的哪些事情会对学校环境以及学生学习的能力产生重要的影响。同样，那些在学校发生的事情也影响着学生在校外的表现。这就意味着，对于连接性、归属感、同龄人的尊重、学校的环境以及其他风气等因素的缺失会增加学生在校外滥用高科技的可能性。

我们在创造并保持一个积极的学校环境这个问题上具有非常重要的作用，因此，我们希望通过我们的调查来研究这种关系。在一个涵盖了某个重点学区许多初中、高中的大范围调查中，我们发现，学生认为风气越好的学校，发生网络欺凌和色情短信事件就越少。需要重申的是，那些学生对学校风气的评估结果为"差"的学校，其网络欺凌和色情短信事件的发生率要高于那些评估结果为"中等"或"良好"的学校。

教育工作者的努力很重要

相关数据还显示，与学生谈论这些问题的教师同样对改变学生的行为产生了影响。虽然近乎一半（46%）的学生表示，他们的老师从来没有与他们谈论过安全使用电脑的问题，另外，还有69%的学生表示，他们的老师从来没有与他们就负责任地使用手机这一问题谈过话，但是，那些谈过话的老师似乎对解决这一问题有着积极的影响。那些说老师与他们就安全使用电

脑谈过话的学生对他人进行网络欺凌的可能性明显小于其他人。

　　同样地，那些告诉我们，他们的老师最近与他们就负责任地使用手机谈过话的学生给同学发送色情短信的概率也明显小于其他人。当然，老师谈话的内容也至关重要。再次强调，我们呼吁进行更多的研究来说明就老师关于安全和负责任地使用电子设备与学生谈话而言，究竟是什么在起作用。

学生仍然不愿意举报

　　还应引起注意的是，只有不到10%的网络欺凌受害者将他们的遭遇告诉了老师或学校中其他成年人（约有19%的传统欺凌受害者将其遭遇告诉了学校中的成年人）。大多数受害者不愿意举报这类行为的主要原因是，他们怀疑成年人实际上不会做任何有用的事情来阻止这种行为的再次发生。事实上，大多数与我们交谈过的学生都表示，告诉老师（或其他成年人）会让事情变得更糟。

　　有趣的是，在我们的研究中，有75%的学生认为，他们学校中的老师以认真的态度对待欺凌问题，但较少的学生（66%）认为，他们学校的老师认真对待网络欺凌问题。因此，我们可以明显地看到，学校中的成年人还有很多事情要做，要让学生明白，这些问题能够得到有效的解决。如果学生对向成年人举报这些问题感到害怕或犹豫不决，那么学校又怎么能期待去创建一个积极良好的环境呢？如果校长希望为年轻人创建并保持一个轻松的学习和成长的环境，那么这只是在营造学校风气时需要纠正的一个方面。

学生对学校的看法

　　在最近的调查中，我们要求学生告诉我们，在其学校中某个学生因网络欺凌问题被抓住并且对其进行惩罚的可能性有多大。总的来讲，约有一半（51%）的学生表示，他们学校的学生很可能会因为网络欺凌被惩罚。值得注意的是，在那些实际上曾是网络欺凌受害者的学生那里，这个数字下降至不到40%。

当根据学生对其学校的看法来评估这一问题时，我们发现，那些认为校风"良好"（或比较积极）的学生觉得教育工作者更可能采取措施。尤其是这样看待学校的学生中有65%认为，那些实施网络欺凌的人会被惩罚，而认为其学校校风"差"的学生中只有35%认同这一点。因此，学校的风气会影响学生对学校是否尽责的看法。

从这份调查中我们能学到什么？

总体而言，具有良好氛围的学校中出现问题行为明显偏少，学业成绩明显更好，但校风产生的影响远远超出了校园的范围。那些认为他们处于一个受欢迎的环境中的学生往往会避免那些有可能损坏他们在学校里的良好关系的行为。

正如学校风气研究西部联盟的负责人约翰·辛德勒（John Shindler）所说，你无法将校风从教育中剥离，你无法将校风与领导分开，你无法将校风与你为建立良好的师生关系所做的事情中分离。如果学校能做好这件事，那么其他方面也不会太差。

现在，我们能够更好地理解学生的在线经历，并且引导学校的风气与这些经历息息相关。下一步，我们应该努力让学校和课堂回到正轨，让学生们感到在这里是安全的、受尊重的、参与其中的以及与大家相联系的。在cyberbullying.org网站和我们的《学校风气2.0》一书中提供的资源能够给你指引。即便这没有那么容易实现，我们也相信，当你的努力转化为"学生和员工变得更加愉快，学校环境变得更加适于学习和教学"时，你不会失望的。

问题反思

目前，你对你所在学校的风气有何评价呢？差、一般、良好，还是非常棒？学生能否从教师和管理人员那里获得有关安全和负责地使用高科技的信息呢？对于改善校风和促进相互联系、归属感、道德和更好的学校人际关系，你是怎么做的呢？

第五章 对欺凌行为做出的合理反应：哪些有用，哪些没用？

对欺凌和网络欺凌行为的匿名举报

萨米尔·K. 辛社佳

　　贾斯汀和我都深信学校中匿名举报系统的作用和价值。与美国学生合作的经验告诉我们，他们想要把事情说出来，让大人知道究竟发生了什么（无论是线下行为还是线上行为），但是，他们也非常害怕被报复。他们不知道具体应该去和谁说，不想因为这种举动而成为下一个欺凌的目标，他们也不想被他人认为是"告密者"或"奸细"。学生很愿意学校设立匿名举报机制，这种举报系统对于那些需要知道在他们看不到的地方发生的事情的教育工作者非常有利。另外，至少有11个州要求学校允许学生匿名举报欺凌事件。这些州已经看到了该系统拥有的足以让他们使用的价值。

　　过去几年，我一直与加利福尼亚州圣地亚哥·德·帕特拉中学的校长赖安·布洛克（Ryan Brock）进行合作。我们保持联系的原因之一就是匿名举报问题。德·帕特拉学校中的教育工作者和许多人一样，都因给予学生需要的帮助来得太迟，或根本没帮上忙，或是他们被迫来改变学校现状而不是从他们目前所在学校的教育工作者和领导那里获得帮助感到痛心。那里的教育工作者们知道，中学阶段是一个孩子发展轨迹特别容易走偏的时期，同时，他们也为孩子们指出了一条明确而有效的途径，告诉学生自己真的很关心他们。每个人似乎都在寻找一种"最好的实践方法"来帮助解决同伴之间的伤害和暴力行为。正如你将会看到的，他们真的做了许多尝试。

显然，学校需要为学生提供一个匿名举报的渠道来举报这些事件，以代替那些现有的散落在校园中的"欺凌举报"箱。不幸的是，他们的经验都是无效的，也许是因为这种渠道在放学后就不能使用了，而且学生更倾向于在私下里用文本的方式进行举报。因此，学校选择去创建一个在线的表格，让学生能够在其网站上进行举报。可以肯定的是，这种方式无法做到完全匿名，因为系统会记录下发送者的IP地址。但从学生的角度来说，这并不是什么障碍。从来没有学生询问过递交途径方面的问题，管理员也从来没有利用相关信息试图确定是谁发送的举报（但如果他们收到了任何能够立即对某人的安全造成威胁的信息，那么警察可能会通过IP地址对举报人进行锁定）。

这种表格为学生的举报提供了一个简单而有效的方法，举报人也不会因此感到不适。该举报方式的设计非常简单，但需要包括允许记录违法行为的关键问题以及让学生保持舒服的状态。表格会在学校每周的集会上进行公布，上面的信息会发送给学生家长，也会在集会时分发给学生。教师要求学生复述他们在在线工具上发表的言论也已成为常见的现象。这种做法能让大家反思文件当中的信息，并且可以帮助学校保持纸质记录，而不是仅仅用大脑去记忆。

在这种表格推行了一年之后，学校收到了大约144份报告，其中包括3份假报告。虽然这对于一所有1 100名学生的学校来说是一个非常大的数字了，但学校仍然相信花在跟踪和调查上的时间是值得的，他们得到的回报是，学生觉得在学校很安全。事实上，报告的数量是可控的，因为这种举报可能带来更多的预防行为而不是惩罚性的做法。这也是因为学校想要建立并保持一个以积极为导向的环境而产生了一个意想不到却极具价值的结果。

学校通过在线匿名表格收到的举报中，有学生在社交媒体上发送威胁信息的在线骚扰行为，也有学生在午餐时间强迫他人交出财物的事件。一些举报中提到了在课堂上发生的事情，例如，叫某人的外号或说"他打了我"，但他们并没有将这些告诉老师。也就是说，大多数学生的举报都是合理的，但他们需要得到支持来解决这些问题。可笑的是，对这些事情展开调查并做出回应只需要少量的时间。支持的方式可能包括：调解两个学生之间的分歧，加大对午餐时间的监管来阻止学生向他人索要钱财，安装摄像头对之前发生过欺凌事件的那些缺少监管的区域进行监控，或者告诉家长，他们的孩子参与到了网络欺凌行为或其他在线不当行为当中。

在报告的148页记录了一个我们最近收到的来自一位年轻人的例子。这个案例清楚地说明了一次欺凌事件，而且也证明有效的干预可以阻止可能发生的暴力事件。这份报告让学校能够去干预并阻止这类行为，防止发生报复性的行为或更糟糕的状况。学校领导通过和这个学生分享报告的内容，鼓励他想一想他的行为所带来的后果以试图解决这个问题。对于很多其他的怀有敌意的学生来说，这种做法能够让他们避开那些欺凌他们的人。现在，学校不断地提醒所有的学生，让他们体谅其他的同学并坚持举报发现的所有欺凌事件。

许多学校都在寻找一个能够真正解决学生之间欺凌行为的方案。赖安建议，所有的教育工作者都应深入思考在线举报机制的实现方法，并将其视作一个重要的且完全必要的举措。他的做法提醒了我。我们一直都处于担心举报后招致的后果和默默忍受欺凌的结果当中。大多数情况下，一个简单的网络工具能够提供一条安全的路径以避开上面的两种后果。

1. 我是：学生。

2. 在这起事件中我是：受害者。

3. 你叫什么名字（可选）？

4. 你上几年级？七年级。

5. 你想要举报的学生叫什么名字？

6. 如果你不知道这个学生的名字，请对此人进行描述。

7. 这起事件是在哪里发生的？在教室里。

8. 请对事件进行描述。他经常骚扰我，总在路过我的座位时将我的书包从椅背上扔下来，而且还在我阻止他骚扰我时嘲笑我。

9. 这起事件有没有目击者？没有。

10. 目击者叫什么名字？

11. 请根据你的感觉对这起事件进行打分：从1（代表轻微但不能接受）到5（非常严重的事件会导致报复或暴力行为）。严重性：3。

12. 请描述该事件发生的频率。经常发生。

13. 你怎么看待这起事件或这个人？（例如：他们很烦人；我讨厌他们；我想报复他们；他们并没有让我抓狂，我只是想让他们停下；等等）我讨厌他们以及他们所有的同伙，我甚至觉得我应该做点什么来让他们停止这些行为。所以，如果你不能解决这个问题的话，我可能就真的去做了。

14. 这起或是其他的事件是否让你感到自己或其他人受到了伤害？是。

15. 你是否愿意和咨询老师聊一聊？不。

16.关于这起事件，你还希望我们了解什么事情？（可选）现在就去阻止他们。他和他的同伴总在午餐时间欺负我和我的朋友。这些行为需要立即制止，如果你们不能做些事情，那可能会变得无比糟糕。如果你们发现了我是谁，也别找我谈话，否则，我不会再相信你们，而且我会用自己的方式解决问题。

问题反思

你所在学校现在有什么让学生匿名举报的机制？这种机制能否被优化，在学校中得到更多诚实的举报，让更多的学生参与以及与学生进行更有效的谈话呢？

利用谷歌语音创建一个免费的欺凌和网络欺凌举报系统

萨米尔·K. 辛社佳

在前文中，我分享了匿名举报系统的作用和价值。每当我有机会向教育工作者就预防欺凌问题发表演讲时，我都会强烈建议他们使用这种方法。根据你自己的观察，我肯定你也同意我的观点，年轻人会觉得发信息或打字的方式更加舒服，尤其是当他们诉说满腹的委屈或与成年人（例如，老师、辅导员或管理人员）分享一个很敏感的故事时。这些系统不仅能够很好地满足与学生沟通的需要，同时也能保证举报人的隐秘性。而且，这种方式可以帮助年轻人成为变革的推动者，站出来为自己和其他受害者发声。此外，它还可以在事态变得更加严重前加以控制，并提供一个有形的文档来储存每个已知的问题。

在继续讲下一个问题之前，我想先提出一个非常重要的观点。学校有时不愿意建立这种系统，因为他们担心产生虚假的积极性。他们觉得，学生可能会经常在这个系统中做出各种荒谬的、幼稚的举报，这种行为只能是浪费时间。他们甚至想过，是否会有一些学生通过举报某人是施害者的方式对其进行欺凌——这种猜测是合理的，但是大部分没有根据。所有与我们进行合作并创建有匿名举报系统的学校都表示，每年确实可能会收到一些虚假的举报，但绝大多数举报都是真实的，并且能给学校提供非常有用的信息。重点是，这些系统能让学生成为学区的监督者，能使教育工作者了解域内那些他们必须知道的问题。用一个形象的比喻来说，在"火光四溅"的问题面前，这些系统绝对能保证学生们不被"炽热的火焰"吞噬。

每当我与学校中的年轻人在一起时，他们总能提醒我，他们想要诚实地说出一切，他们真的想这么做。但问题是，他们不知道怎样来保证自己的安全，怎样才能以最舒服的方式说出来。再者，他们也有一些担心：被发现，被当作告密者，或成为报复对象。那么，这些问题就取决于学校怎样创建并提供一个安全的举报机制，以及制定了怎样的政策和程序来最大限度地减少这些担忧可能发生的概率了。

有很多商业性的订购服务能为学校提供这种功能。有些做得非常好，性能完善，甚至配备了更加先进的设施，因此值得学校去了解。当然，一些学区无法支付订购商业服务的费用，或者很多学校想制订一个小型方案，我想在此分享如何通过谷歌语音来为学生提供一个免费的小型举报系统。我相信，它能够很好地完成我们对它的期待：从学生那里得到秘密举报并提醒学校对有关情况进行调查。

它是如何工作的?

这个系统建立在一个新的谷歌语音账号所创建的主电话号码之上,所有的学生共用一个分线或举报线。然后,系统会将学生的语音邮件(很少见)和文本邮件(很常见)传送到学校工作人员(例如,校长助理、辅导员或校警)那里,以便他们对事件进行跟踪和调查。语音邮件可以作为音频文件发送,甚或能被转化为文本后再发送到一个指定的地址,文本邮件当然也可以直接发送到一个指定的邮箱(或多个电子邮箱)中。

所有想点击进入分线的人(管理人员、执法人员等)需要在他们的手机或平板电脑(安卓或IOS设备)上下载谷歌语音软件。下载完成后,他们必须进行和谷歌语音分线相同的设置(例如,使用相同的密码)。之后,他或她就可以通过程序内的提示对文本做出回应,而且只有分线号码(而不是登录人的实际电话号码)会显示出来。这一点非常重要,因为它承担着维护管理人员和执法人员通过其个人设备处理问题时的保密性和隐私的任务。

谁来对分线做出回应?

通常情况下,每个学校应该指派一个人来处理这些举报。具体的可以根据被侵犯的严重性来决定,大多数事件可以通过管理人员或辅导员的干预得到解决。但是,如果问题非常严重(例如,包含了恐吓、未成年人的模糊的色情照片、胁迫、勒索等其他犯罪活动的证据),那么校警或当地的执法部门就应该出面进行调解。

应该对哪些事情进行举报?

在与学生讨论举报系统时,应该向他们强调,没有什么问题是小问题。

我们希望学生广泛地使用这个系统，并且，如果发生了应该进行调查的错误行为，那么就需要让学校知道。当然，学校必须明确地告诉学生，在非常危急的情况下，他们应该通过911或其他方式报警。我们在这里强调的目的是，鼓励学校在涉及欺凌问题时使用匿名举报系统。学校应该持欢迎的态度，让学生在发现、目击或知道下列行为时能够及时地传递信息。

- 在家（或其他地方）受到虐待；

- 对一些同学的担心（自残、自杀的想法等）；

- 犯罪行为（吸毒、敲诈、盗窃、破坏公物、强奸等）；

- 打架；

- 对校园安全或校园环境构成威胁。

这个系统是否真的匿名？

总的来说，不是。任何向分线打电话或发送短信的电话号码都会被记录下来。但通常情况下，如果管理员不想揭发举报人的身份，就很难知道是谁提供的线索，因为学校不太容易从学生手机号码数据库中比对出其电话号码（学校通常只对学生家长或监护人的联系电话建库进行维护）。通过谷歌查询管理员的电话一般也很难查出其身份信息，除非有学生将它贴在社交媒体网站上进行人肉搜索。因此，这个系统绝对能够提供非常强的保密性。

其他需要注意的事项

- 当通过文本回复学生时，请务必签上你的姓名。要知道，他们只能看到分线显示的号码，而看不到你实际的电话号码。

- 学校在进行回复时，应该对提供的信息表示感谢，对其关心社区安全的行为表示赞扬，并告知该报告将保密。

- 家庭教育权和隐私权法案（FERPA）规定，学校不应该通过分线主动透露文本中的某些学生信息（姓名、个人历史等）。

- 始终保持互动的正式性和专业化，因为它们可能被作为文件留存在案件档案中，甚至被用在未来的法庭诉讼当中。即使这是令我们极其放松的媒体媒介，学校的分线管理人员也不应该在此系统中使用随意性的文字。

- 在此过程中，也可以通过文本进行后续对话，因为学校可能需要从举报人那里了解更多的信息或是举报人还想要告诉学校更多的内容。

- 学校应该提醒学生，不要滥用这个系统。学生可能了解这一点，但是仍然需要提醒他们。

总而言之，我们坚信，每所学校都应该有一个系统能够让那些经历了或是发现了欺凌行为（或其他任何不当行为）的学生以一种尽可能舒服的方式进行举报。很显然，我们应该使用年轻人喜欢的媒介。学校要以不强迫揭示个人身份或面谈的方式来提醒教师和学校员工，学生受伤害的经历被证明是非常有价值的，有助于促进对知情者的回应以带来积极的改变。只要能确保学生知道这个系统的存在（利用海报、信息传递和其他有创造性的方式告诉大家），并且尝试克服其使用这个系统时可能产生的不安情绪。

最后，请记住，如果你决定在你的学区提供这样的资源，那么，你应该对每个举报都进行认真、彻底的调查。由于用这种方式确实会留下我之前提到过的纸质记录，因此最好能确保你对所有举报的调查都很尽职，以避免任何有关失责或疏忽的指控。如果学校能够及时做出回应，并且，如果对学生来说提供线索是一个很好的体验，那么，他们就会让其他人知道这个途径，也会有更多的人频繁地使用这个系统了。甚至学校中所有的学生都会明白，学校是真正地关心他们，并正在实施渐进的措施来明确这一点。

提示：我们已经在我们的网站上发布了PDF格式的分布指南，让教育工作者了解如何使用谷歌语音来设置欺凌和网络欺凌举报系统，其中，有明确的指导和截图来帮助你完成。如果你现在还没有使用其他的系统，而且（或）没有足够的订购服务的资金，那么，我们建议你考虑一下这种方式。

问题反思

你所在的学校现在是否设有匿名举报系统？如果没有，原因是什么呢？如果你需要帮助，请联系我们，并与我们分享你的经历。

有效应对欺凌的方法：留下视频证据

贾斯汀·W. 帕钦

2014年，一个视频记录了加利福尼亚州库卡蒙格市的一起欺凌事件。视频中显示，14岁的高中新生科比·纳尔逊（Kobe Nelson）被一个同学推来搡去，旁边有很多同学起哄，让两人打一架。可以看到，有几个学生拿着手机在拍摄。视频还显示，科比只是想要走开，但挑衅者不断地将他拉回来。最终科比逃离了现场，之后，被来学校对这一事件进行调查的警察找去问话。他被带到办公室，在那里，被告知他因打架停课两天。据推测，其他的学生也被停课，但这些处理结果没有公布。

这类事件没什么特殊的，学校中每天都会发生打架行为，这种行为就更频繁了。从2014年学校犯罪与安全说明的数据来看，2013年有8%的高中生在学校中打过架（2011年，这一数字为11%）。总体而言，这个数字从20世纪90年代中期就开始下降，但仍然保持在令人担忧的水平上。现在还没有数据可以量化学生像视频中的科比那样离开现场的次数。

科比对他的停课处罚表示抗议，他认为自己没有错。他的父亲汤米·帕维斯（Tommy Purvis）了解到这一情况后，观看了视频，他很清楚，科比没有对他的行为撒谎，他确实什么都没做错。帕维斯先生告诉学校有视频记录，但学校拒绝观看，还说他们已经了解了事情的经过。在学校进行调查的警察也嘲笑科比，告诉他应该把事情闹大，这样他就不再是一个大家不在乎的人了。或许正是警察不负责任的言论让事情出现了转机。这种轻率的回应正好能解释为什么在我们的调查中，只有不到30%的学生会将他们遭受的欺凌行为告诉大人。帕维斯先生和他的儿子对学校和执法人员的做法感到失望，因此他们在网上发布了视频并描述了整个事件的经过。

视频证据的效力

视频资料一直以来都是非常有价值的证据，能够让调查人员准确地了解一个人参与犯罪事件的程度。还记得2008年几个女生诱使16岁的维多利亚·琳塞（Victoria Lindsay）到她们的家中，对她施暴的事情吗？这起攻击事件的诱因似乎与维多利亚在Myspace上的一些聊天记录有关。她们为了给她一个教训而发起了这次攻击，而且有意用手机记录了这个过程，以便将其发布在Myspace和YouTube上。这几名女孩被指控犯有刑事罪，主犯布里提尼·哈德卡斯特（Brittini Hardcarstle）在事件发生时17岁，被处以15天监禁。这起攻击事件被永久地记录在网上，而且被记录在2011年生命纪录片《女生斗殴》中。类似的争吵并没有减少，事实上，残酷的行为被原原本本地记录下来后，能够引起公众的注意和唾骂。有人想知道，如果罗德尼·金（Rodney king）没有现身于他在洛杉矶警察局打人事件的视频当中，这还会不会是一个家喻户晓的名字呢？

考虑到这一点，我们应该鼓励旁观者去记录他们所目击的欺凌事件，这样一来，负责调查此事的大人们就能够知道到底发生了什么事情。我们已经建议过学生保留所有与网络欺凌有关的证据，提醒并允许他们记录面对面的欺凌事件，这有助于进行调查的大人们了解事情的细节，以便追究犯罪方的责任。当然，这种方法也可能被滥用。为了在事情发生后公开发布并嘲笑被害者而高兴地记录下这一切，和默默地搜集证据提供给检方来支持朋友之间，有着非常大的区别。后者可能是合适的，但前者肯定不是（而且可能会因自己的做法而受到惩罚）。

重要的是，要记住，视频记录通常只能捕捉到一个事件中的一小部分。在科比的视频中，我们只看到他们之间不到90秒的对峙，而且根本不知道科比说了什么或做了什么可能引起这起事件的事情。一千个读者就有一千个哈姆雷特，即使这起事件中还有更多未知的细节，我也不会觉得惊讶。也就是说，调查人员只能根据现有的证据展开调查，而视频证据应该配合对目击者的采访以将整个故事拼凑完整。

然而，我也担心，如果不是有这个视频来证明，那么科比证明事实的真相将变得很困难。当然，可能他的朋友会站出来支持他说的话，但毫无疑问，也会有其他目击者对学校的报告进行反驳，那时学校也会被迫撤销他们的处理决定（对双方的处罚）。这又传递出了什么信息呢？

关于网络欺凌，总会发现证据的

　　网络欺凌的一个决定性特征是总有证据来证明。无论这些证据是短信、脸书上发布的状态、Instagram上发布的照片、推特或是视频，对那些被欺凌的人以及旁观者来说，保存这些证据都非常重要。对于面对面的欺凌行为，通常是一个人通过语言冲撞另一个人，而电子信息能够帮助我们了解谁对谁在何时说了什么。

　　我曾经与一名威斯康星州的校警谈论过一起事件。这起事件中，有一个学生在放学后找到他，并说她收到了大量恶毒的短信。这名校警让这个学生将信息打印出来交给他查看。第二天，这个学生带来了超过两页的打印出的短信内容。问题是，几乎每隔一条短信就被涂黑了一部分。当校警问这个学生是否对这些短信进行过编辑时，学生回答："这是我发送给她的内容，并不重要。"这当然很重要！对欺凌事件进行调查的大人需要看到所有与这起事件有关的信息，这样他们才能根据可用的事实进行适当的回应。

　　学校和执法人员需要彻底地调查所有关于欺凌的报告，以便对此做出适当的惩罚。这在实际操作中要比听上去难得多。首先，许多执法人员缺乏关于如何解决欺凌（尤其是网络欺凌）事件的良好培训。而且，即使学校领导能够更好地解决这类事情，他们通常也被不断削减的预算和不断增加的法定责任等所束缚，没有足够的时间来对这些报告进行调查。因此，他们会尽可能将其分好类，但有时也会犯错。最后，能否正确、合适地处理欺凌问题取决于事件的目击者能否站出来，并报告他们所看到的事情。

问题反思

你是否认为应该鼓励学生用他们的移动设备记录欺凌行为呢？为什么？你所在的学校是否就学生记录学校活动而制定了相关政策呢？

法律力量在欺凌事件中的不同作用和角色

贾斯汀·W.帕钦

在前文中，我写了一个因参与到打架事件当中而被停课的学生通过视频证据证明，他其实并未参与其中，因此不应被处罚的事情。事实上，从现有的所有可用的证据来看，他确实做了正确的事情：走开。这起事件引起公众蔑视的另一个方面是，到学校对事件进行调查的警察做出的不专业的行为。正如上文提到的，警察明确地告诉这个学生，他应该将事情闹大，以免将来遭到报复。这让我对执法人员在学校中扮演的角色产生了一些疑问。

最近的数据很难统计，但是，在美国，每天都有数千名警察在学校工作。他们主要负责保障学生、员工和来访者的安全，但他们经常扮演各种其他的角色，其中的一部分是为了保障不时之需。例如，驻校执法人员有时会被要求去教室里进行指导（尤其是关于使用经过包装的毒品、帮派和预防暴力等课程），但他们很少有人接受过如何有效进行教育的培训。他们通常会尽可能地做到最好。此外，这些警察经常需要调查或调解同伴间的冲突，然而，许多人都没有接受过如何解决欺凌事件甚或如何与孩子一起工作的良好培训。2010年所做的调查中，有超过80%的驻校警察表示，他们需要接受更多关于如何解决网络欺凌问题的培训。所以，警察能为学校学生和员工的福利做出什么贡献呢？

学校中的执法力量：驻校治安警和非固定对点模式

拥有专门驻校治安警（SRO）的学校在处理可能需要执法人员介入的学生事件时是非常有利的。这些警察通常受过良好的培训，而且在处理学生和学校的问题以及一些特殊问题时，比传统巡逻队的警察经验更为丰富。由于驻校治安警长期驻扎在学校，因此，他们通常更了解学生的人际关系和教育工作者担心的问题。最好的警察认识这些学生，而且通过一些方式与他们进行互动。因此，学生很尊敬他们，也知道他们所做的不仅仅是发生骚乱时出现在警官室或对学生超速行驶进行处罚那么简单。

不幸的是，这种形式由于学校和政府预算的收紧在美国的许多学校里都不存在了。历史上，设置驻校治安警的资金通常由学校和市（或县）政府共同负担，但当其中一方撤资时，其他的注资方就无法弥补撤资的缺口，因此，这个职位就不存在了。最终的结果是，警察只有在学校发生严重事件（或是犯罪事件）的情况下才会被派往学校进行调查。有时，一年中都是同一名警察，但报警电话常常会被直接转给在这个区域值班的警察。从警察的角度来看，与学校保持一致的联系是非常重要的（确保这个警察了解有关学校和学生的问题），但从员工和学生的角度来看，熟悉的警察似乎更有益。

不同的角色和责任

当遇到欺凌问题（或任何其他事件）时，学校领导和执法人员扮演着不同却互补的执法角色。通常执法人员只会在事件有可能加剧并上升到犯罪的级别时，才会参与到讨论中。袭击或是严重的暴力威胁都是需要警察参与的例子。执法人员也可以协助学校对事件进行调查。这些警察一般都受过良好的问讯和收集证据的训练，而且能够评估其证据可否确定为犯罪事件。也就是说，学校应该在执法人员参与的调查和问讯中非常谨慎，因为他们可能会改变事件的性质。任何情况下，校长在问话时，身边站着一位穿制服的警察都会让学生感到害怕，但警察一般不会出现在学校中。

严格来讲，当管理人员对一起事件进行调查时，她或他代表着学校的立场，执行可能的校规。如果警察参与其中（无论是驻校警察，还是其他警察），这个调查就可能将重点放在会引起犯罪惩罚的犯罪证据上。当这种事情发生时，程序、规则就改变了。例如，一位学校领导对学生进行问讯或搜查其财物时，他只需要有一个合理的理由，认为这个学生参与其中或有学生做出违反学校规章的行为的证据就可以。在这种情况下，宪法对学生提供的保护很少，因为学校实际上扮演了一个替代父母的角色，而不是作为以惩罚为目的的政府官员。但当警察介入调查一起案件时，公民（包括未成年人）确实享有某些权利。

在米兰达诉亚利桑那州案中，美国最高法院裁定，在"拘留审讯"之前，执法人员必须通知涉嫌犯罪的人，要对他们进行保护。我们在剧中的逮捕场景中都听到过这样的话："你有权保持沉默，但你所说的每句话都将作为呈堂证供……你有权在受审时请一位律师……如果你付不起律师费，我们可以给你请一位……"该标准通常也适用于警察在社区对未成年人进行问讯的情况。但肯塔基州最高法院最近提出了一个问题，即学生在办公室被学校领导问讯时，是否也应该告知其拥有的权利呢？

肯塔基州最高法院重申，学校领导或许会为了有可能发生的学校处罚对学生进行问讯，而不需要告知他们所拥有的权利，但法院也裁定，在涉及警察介入或可能犯罪的情况下，米兰达警告是必要的。这与以前的一些解释不同，那些解释基本上认为，如果执法人员正在协助学校进行调查，那么该警察应该遵循适用于学校领导的规则。毫无疑问，这个问题需要由美国最高法院来进行最终的解释。

我之前还提到了很多关于教育工作者或执法人员是否可以搜查学生手机内容等问题。新泽西州T.L.O.案指出，学生受到美国宪法第四修正案的保护，该宪法保护公民免受政府官员的不合理搜查和扣押。最高法院还明确规定，执法人员必须符合一定条件才能进行搜查（犯罪可能发生的原因）不适用于教育工作者。学校领导适用的条件是，搜查需要"以合理的理由开始，在合理的范围内进行"。当然，这个条件有一定的主观性，对某人来说是合理的理由，其他人可能并不这么认为。在T.L.O.案中，法院裁定，"搜查学生财物的合理区间内，必须有证据表明学生做出了违反法律或学校规章的行为"。

这只是其中的一部分问题，你也许能看出来，有许多重要问题还没有真正得到解决。总之，学校领导和教育工作者需要根据他们对可能从执法人员那里受益或必须让执法人员介入的具体情况做出判断。只要没有出现立即造成伤害的威胁，通常对学校领导来说，在没有执法人员参与的情况下，对发生不当行为的学生进行问讯是最好的做法。在这种情况下，他们有更多的自由和余地来收集必要的信息。一旦学校领导得出涉及犯罪行为的结论，那么他或她就应该将对事件的调查移交给警察。我们建议，学校领导应与当地执法人员（尤其和驻校治安警）保持沟通，以便双方能够快速而有效地对问题做出反应。

响应问题的能力

一个训练有素且经验丰富的驻校治安警将是任何一所学校的财富，而且大多数学校领导都会（或至少应该）对他们抱有欢迎的态度。我曾经见到过许多令人惊叹的驻校治安警在学校发挥了他们神奇的作用，改善了学校的安全和危机响应机制，同时也加强了警察与社区的关系，提升了学校和整个社区的整体文化素质。关于驻校治安警办事效率方面，有着不同的说法，这并不奇怪，因为处于这个职位上的人具有性格的多样性，而且学校对驻校治安警的用法也不相同。我认为，在大多数情况下，我们有必要进行更充分的研究。

作为一名对未来的警察进行常规培训的犯罪学家，我知道，大多数执法人员以诚信和专业的态度处理着每一起事件。他们中的一些人被分派到学校工作，另一些人则没有。我们需要指出这一点，是因为他们带来的好处远多于危害。从现有证据来看，前文所提到的那个让学生将事情闹大的警察并不适合处理学校的事情，应该被重新指派。如果学校领导和驻校治安警出于帮助年轻人（当然还有父母）这个目的而合作，那么将出现非常好的情形。这种合作可能在很多方面都会失败，但通常不会。引起人们高度关注的事件最严重的会出现在夜间新闻、YouTube或法庭上。但我们不应该只看到这些最糟糕的情况，而应该关注怎样做才能提高响应问题的能力。

问题反思

你所在学校和当地的执法部门关系如何？你是否觉得警察和学校领导清楚地理解他们对欺凌事件进行调查时所扮演的不同角色呢？如果你的学校没有全职的驻校治安警，那么在什么情况下你所在学校会让执法人员参与到一起事件当中呢？

了解家长关于其孩子实施欺凌行为的态度

贾斯汀·W. 帕钦

毫无疑问，家长有责任确保孩子不去欺凌他人。他们需要时常提醒自己的孩子，以想要被他人对待的方式去对待他人是非常重要的。他们应该告诉孩子，我们所说的一些话或所做的一些事在当时看起来好像很有趣，但其实对他人来说非常的痛苦。当涉及预防网络欺凌的问题时，家长要定期检查孩子们的在线行为。他们需要通过合理的、适当的规范来处理孩子们的问题行为。通常，家长们应提供给孩子们一个道德指南，包括尊重他人以及一直保持自身行为和与他人互动的诚恳态度，无论是在线上还是在线下。他们可以通过关怀和有权威的方式与孩子建立情感上的联系，当然也要求尊重和问责。事实上，研究表明，一个积极的父子关系不太可能让青少年做出欺凌行为，因为他们不想冒险去损害他们之间的关系纽带。

但是，如果父母没有采取这种措施，而他们的孩子又对他人实施了欺凌行为，那么父母应该承担刑事责任吗？

试图追究责任

2013年，由威斯康星州莫诺纳共同市议会批准的一项条例，允许对那些向他人实施欺凌行为的孩子的父母罚款114美元。这是我们已知的美国首个通过这项措施的城市。该委员会还修订了其条例，以纳入与现有的禁止无秩序行为、非法使用电话或电脑通信系统以及骚扰相关的州刑事法规。所有这一切都向公众发出了一个明确的信息——在这个城市范围内不欢迎任何形式的骚扰。

在第三章第二节中，我讨论了各级政府通过制定当地的法令来控制网络欺凌。正如在莫诺纳出现的情况一样，很多时候，城市的法令只是反映现行的法律。我将在本节中讨论这些行为可能是有意义的几个原因。这种做法的结果是，即使县级律师不愿意追责，市级的律师也能够对某人进行指控。它也允许案件在市级法院（莫诺纳有，但很多城市没有）而不是国家巡回法院进行处理。这还带来了一个附加效果（或好或坏），让那些永久列在威斯康星州综合法院自动化计划网站上的犯罪名单无法被所有人查看。

家长责任法案背后的历史和理论

家长责任法规定，如果父母被认为在对孩子进行教育和监管的责任范围内疏忽大意，那么父母就需要为其孩子的行为承担刑事和经济责任。在理论上，这些法律意义重大：这个想法是强制父母确保他们的孩子不会以鲁莽或不恰当的方式行事。学校法规定，教育工作者在被发现未对学校发生的骚扰行为进行妥善处理时，可能需要承担赔偿责任。也许应该让父母达到同样的标准。那些没有尽到育儿责任的父母应该受到惩罚，对吗？实际上，这个问题要复杂得多。

长期以来，各州都有各种法律，用来使成年人对青少年所做的行为负责。1903年，科罗拉多州首先将"助长未成年人犯罪"的行为犯罪化。加利福尼亚州法律通常要求父母对他们的子女进行合理的照顾、监管、保护和控制。没有做到这一点的父母可被判以轻罪，并被处以监禁。马萨诸塞州法律规定，父母有义务合理、谨慎地防止他们的未成年子女故意或因疏忽而对他人造成伤害。事实上，一些人提出，家长责任法可以追溯到1646年马萨诸塞州颁布的顽固儿童法，该法指出，如果孩子因偷窃行为被抓住，那么父母可处以罚款。当然，这部法律也宣布，不听从父母的顽固和悖逆的孩子应该被判死刑。

这个问题其他可能的原因和解决办法

许多年前，我参与了对密歇根州3所小学减少伤害计划的评估。该计划中的一个要素是，如果小学年龄阶段的孩子没有上学，他们的父母就要承担责任。对于12岁以下且其父母与学校领导不配合的学生，根据国家的义务出勤法，可以起诉家长。此处的关键词是那些不配合（和愤怒）的家长。计划所包含的近300个家庭中，只有3位家长属于这一类别。大多数人只是寻求帮助来解决一个导致缺勤的相对简单的问题，例如，提供一个闹钟或确定上学的交通方式。

我觉得在涉及欺凌问题时也可以这样做。通常，在家长了解了孩子的欺凌行为后，他们会采取必要的措施来保证这种行为不会再次发生。在一些情况下，他们只是不知道该怎么办，但只要加以指导，他们就会做得很好。在极少数情况下，家长只是不承认自己孩子的欺凌行为是伤害性的，更糟糕的是，他们甚至会鼓励这种行为。即使被告知孩子的在线行为或许存在问题，家长也可能会完全无视自己孩子的网上行为。我们认为，这种类型的家长正是家长责任法所指的对象。

在这个方法中，我看到的一个问题是，这种做法也有可能造成与预期相反的结果。我们知道，家长与孩子之间关系的质量是防止一系列不当行为的载体。问题是，通过威胁孩子"他们的行为也许会造成对父母的惩罚"有可能让他们之间的关系变得更加脆弱。当孩子做出不当行为时，父母和孩子将会产生相互作用："因为你所做的事情，我需要支付114美元！"此外，任何有孩子的人和从事青少年工作的人（我同时处在这两个阵营当中）都知道，即使是最好的监护人也可能会遇到一个顽固的孩子拒绝遵循其做出的任何指示。在父母已经尽其所能努力地纠正孩子们的行为的情况下再去追究父母的责任就是不合适的。其实，这些法律旨在处理相反的情形，也就是父母很少对孩子的不当行为做出回应的情况。再次强调，我觉得这种情况很少发生。

研究匮乏

不幸的是，关于对家长责任法有效性的评估，目前还没有任何有关的调查，因此我们真的不知道这些法律能产生什么样的效果。林肯内布拉斯加大学法律和心理学教授夏娃·布兰卡（Eve Brank）深入研究了家长责任法，并告诉我，"不能说这些法律是否是一个好工具，我们知道，父母在抚养子女方面起着很重要的作用，但我们不知道子女参与非法行为时对父母施加法律制裁将会产生怎样的影响"。的确，在我刚才提到的计划当中，关于密歇根州小学的旷课行为，我们无法跟踪学生足够长的时间来确定对家长进行威胁是否真的管用。因此，我们要坦率地说，我们不知道父母对自己孩子的行为负有刑事或经济责任是否真的能够减少欺凌行为的发生。

批评人士认为，这只是限制言论自由的另一种方式，而且对直言不讳的年轻人来说，其父母将会因自己孩子的做法而受到惩罚。例如，如果孩子说出他或她在道德上对同性恋的反对意见，那么就有可能被理解为欺凌，而父母也将因此受到惩罚。尽管莫诺纳条例明确规定，它不适用于任何"受宪法保护的活动或言论"，但将某个事件定义为欺凌时就存在歧义，特别是在涉及存在争议的主题时。作为成年人（父母或其他人），我们的责任是教导青少年反对欺凌，甚至以民事方式进行辩论。

问题反思

父母应该对孩子们的行为负责吗？你认为什么才是鼓励他们对孩子的问题负起责任的最佳途径？警察和法院是否应该参与其中呢？

告诉家长要遏制网络欺凌

贾斯汀·W. 帕钦

某位出席了近期一次演讲的教育工作者给我发来一封邮件。她问到让那些网络欺凌受害者的家长与那些实施网络欺凌行为的孩子的家长取得联系来解决问题是不是明智的做法。这是非常难回答的问题。理论上讲，这似乎是一个很好的办法，而且对一些家长而言，这可能是一个十分有效的策略。但是，那些遭受过任一形式欺凌的学生可能会害怕这种做法所带来的后果。他们认为，面对那些对欺凌行为负有责任的学生的家长只会让情况变得更糟。而且家长间的沟通出现任何状况确实都能使情况变得更坏。

问题是，一些家长面对那些说他们的孩子是侵犯者的控诉时可能会变为防御的姿态，因此可能不会接受你的任何想法、意见或各种正式或非正式的干预行为。他们可能立即竖起一面墙，并且变得极为戒备。此处的关键是去保护那些欺凌受害者的安全。当家长准备进行这种谈话时，需要谨慎地掂量各种相关因素，并考虑整体的情况（就像法官们常常讲的那样）。你是否了解那些家长呢？你认为他们会在多大程度上接受你的观点呢？那个对你孩子实施欺凌行为的孩子是否对你孩子的朋友也做过类似的事情呢？他们之间是否之前就存在问题？如果你和侵犯者的家长在其他的环境中还有互动，那么你们会在其他的社会环境下解决这个问题吗？

萨米尔听说过这样一个案例，一位侵犯者的父亲反过来伤害了受害者的父亲，他在玩垒球时当着其他朋友的面将球砸在受害者父亲的脸上，让他难堪。当然，中年男性垒球选手有时会用夸张的行为来显示其男子气概并通过得分来虚张声势。他这种欺辱的行为和挖苦的言论让受害者的父亲感到难过却无力反抗，因为其他所有人都认为，他儿子应该像个真正的男人一样去解决问题，而不是向爸爸告状。

如果两个学生在同一所学校上学，那么将这个情况告诉学校领导可能是一个好主意，他们可以在学校中对学生的互动进行监管，以确保没有报复行为发生。此外，我发现，学校辅导员是最善于解决人际关系问题的人，而且他们能够对如何解决这些事情提供建议。他们一般非常乐意通过一种能够在侵犯者或其家庭没有过于激动的情况下悄悄地进行干预来阻止侵犯行为的发生。

因为每起事件都是不同的，因此，我很难确定与侵犯者的家长面谈是不是一个好主意。我能说的是，如果你选择了这种方式，那么就要确保以平缓的方式进行，并且要想一想你在青少年时期的生活是怎样的。同时也要想一想，如果其他孩子的家长站在你面前说你的孩子行为不端，你会是什么感受。冷静地倾听并做出合理的回应说起来简单，但你是否真的能做到？对我们这些大人来讲，适用的最直接的规则——站在别人的立场想问题，同样也适用于我们的孩子。

> **问题反思**
>
> 　　家长是否应该与其他家长面谈来解决欺凌问题呢？如果你是一个欺凌行为受害者的家长，你是否会选择与欺凌者的家长联系呢？如果你的孩子是欺凌行为的实施者，你又会怎么做呢？

学校是否应该对校外网络欺凌行为负责？

贾斯汀·W. 帕钦

　　我经常就学校对网络欺凌事件做出回应的相关法律问题进行探讨（更多详细内容参见cyberbullying.org）。当然，法律本身以及我们对法律的理解都是在不断发展的。因此，我会通过案例法体系中表明学校事实上有权对在校外参与网络欺凌的学生进行合理处罚的内容就一些相关的问题进行（相对而言）简单的更新。下面，我将简要地总结一些裁决案例，同时，我也鼓励每个人都去阅读这些案例的完整情况，以便更好地掌握每个案件独特的来龙去脉。

　　汀克尔起诉得梅因独立学区案（1969）：学生有言论自由的权利。"根据第一和第十四修正案，在没有证据证明禁止自由发表意见是避免严重干扰学校纪律或他人权利的情况下，这种做法是不被允许的。"在第一修正案中，学生享有宪法权利。但是，"这些权利并不允许学生做出严重影响学校纪律的行为，更不用说其他学生也同样享有被保护的权利了。"

贝瑟尔学区起诉弗雷泽案（1986）：学生的言论自由权利在校期间受限。"公立学校学生的宪法权利不会自动与其他环境中成年人的权利对等。"最高法院裁定，"无干扰表达（例如汀克尔案）和干扰学校工作或者侵犯其他学生权利的言论或行为之间有巨大的差别。"

戴维斯起诉门罗县教育委员会案（1999）：如果学校知晓针对学生的侵犯或其他伤害行为但并没有做出有效的回应来阻止事件继续发生，那么学校就有可能会承担责任。"普通法同样阐明，根据州法，学校或许会因未能保护学生免受第三方的侵权行为而承担责任。"

J.S.起诉伯利恒地区学区案（2000）：学校可以对学生在校外的电子言论（例如，某个学生创建了一个恐吓页面来威胁其代数老师）进行处罚。"学校领导有理由对教师和其他学生进行非常严厉的警告。"

维斯尼威斯奇起诉威兹波特中央学区教育委员会案（2007）："可以合理地预见维斯尼威斯奇的沟通能够对学校正常环境造成不良影响……亚伦对IM（AOL即时通信信息）的创作和传播发生在校外的事实对他受到学校规章的管理并未产生影响。我们认为，校外行为能够造成可预见的严重扰乱学校内部环境的风险。"

巴尔起诉拉芳案（2008）：学校不需要等到校园发生了实质性的中断后才采取措施。美国上诉法院（第六巡回法院）裁定："上诉法院的判决考虑了学校对有关禁止行为是否会引发像过去经历过的那种骚乱的言论的禁止。"并指出该高中甚至在前几年指派了执法人员到学校维持学校在种族敌对和暴力环境中的秩序这个事实。引用劳沃里起诉艾沃瑞德案的裁决，法院认为，"在汀克尔裁决的标准下，学校不需要等到实际的扰乱发生就能够对学生的言论进行纠正。"

科瓦尔斯基起诉伯克利县学校案（2011）：与汀克尔案裁决一致，学校可以因学生的网络言论进行处罚。"科瓦尔斯基利用网络精心策划了一次对同学的攻击，并且其做法足以对学校环境造成影响，以至于学区公认的权威机构做出处罚：'从客观上讲，这对学校正常运作所要求的适当纪律和他人权利造成了干扰。'"

在一些案件中，学生在因校外违反学校纪律而受到处罚对学校进行的诉讼中胜出。但在所有的案件中，学校都无法证明这些校外行为或言论导致了或可能导致对学校的严重干扰。事实上，当第三巡回上诉法院对雷夏克和蓝山的学校做出裁决时，肯特·乔丹法官就说过，"问题是，最高法院对汀克尔案的裁决是否适用于校外言论。我认为是可以的，而且现在所做的裁决并没有与其背道而驰。"

最后，还需要指出的一点是，我经常就这些问题与美国许多非常专业而且聪明的法律人士进行讨论，他们中很多人都持不同的观点！在这个国家的教育问题上，我们都处在一个具有挑战性的且非常不确定的时期（至少说），而且法律的歧义困扰着学校是否有权力对校外的网络欺凌行为做出回应只是其中的一个问题。在我看来，事实上，这个问题没有什么不确定性。如果学生的任何行为（无论是在学校还是在校外发生的）造成或很可能对学校造成客观上的干扰，或者其行为侵犯了其他学生的权利，那么学校有权对这些行为进行合理的处罚。因此，对本节标题所提出的问题的回答是：应该！

问题反思

你是否知道任何有关学校对学生造成严重破坏的校外行为进行处罚而导致学校被处罚赔偿损害的案件？你如何处理完全在校外发生的欺凌事件呢？

教育工作者在什么情况下可以检查学生的手机？

贾斯汀·W. 帕钦

　　学生在校期间能否期望保护他们手机的隐私呢？可以对此做出简短的回答：能。教育工作者是否有权力检查学生手机中的内容取决于很多因素。其中，关键的因素是合理性的标准。正如前文所提到的，学生受美国宪法第四修正案的保护，该宪法保护公民免受不合理的搜查和扣押。在T.L.O.案中，最高法院补充说明执法人员必须符合搜查的条件（可能是造成犯罪的原因）并不适用于学校领导。一般来说，适用于学校领导的条件是搜查是否"以合理的理由开始，在合理的范围内进行"。当然，这个条件有一定的主观性，对某人来说是合理的行为，可能对另一个人来说就不是。在T.L.O.案中，法院裁定，"有合理的理由相信，通过搜查可以发现学生对他人实施暴力行为或者违反法律或学校法规的行为的证据。"这似乎是确定是否允许学校对学生的手机进行搜查的条件。

关于教育工作者检查学生手机的案例法

　　一些案例的判决为符合这个条件搜查学生手机的情况做出了示范。在一个常被引用的案例中，一位老师因学生的手机出现在课堂上违反了学校政策（手机是不小心从学生的口袋中掉出来的）而没收了该学生的手机。随后，这位老师和校长助理检查了手机中的电话簿，并试图给其他9个拿撒勒学生打电话以确定他们是否也有这种违反学校政策的行为。他们还查看了短信和语音信箱，而且在没有告知他们是学校员工的情况下与该学生的哥哥进行对话。

法院认为学校没收手机的行为是合理的，但不应该利用这个手机"找出其他违规的学生"。总之，负责科朗普案的美国地方法院做出总结："虽然'不合理的检查和扣押'在学校环境中的意义与在其他地方时的意义不同，但进行搜查显然需要一些基础，否则完全没有说服力。"

2010年11月，密西西比州的联邦法院认为，一位教师没收了一个违反学校禁令的男生的手机，而且学校领导查看手机中的照片和短信内容的做法没有违反第四修正案。当然，允许没收手机是因为学校政策规定，禁止在学校携带或使用手机。这个案例的问题在于，手机中的内容包含了该学生穿着看起来像帮派服装的照片，因此满足了检查手机的合法性。

法院认定，学校对手机进行搜查是合理的。

鉴于发现学生在学校以不当的方式使用手机的行为，学校领导对手机进行搜查从而确定学生以不当的方式使用手机的原因，法庭认为，这是合理的。例如，学生很有可能在一定程度上做出了撒谎的行为（如通过查看储存在手机中的不良信息）。而且，学生在学校使用手机确实有可能是为了与其他同样违反学校规定而使用手机的学生取得联系。

我个人认为，密西西比州法院错了。搜查学生的手机不会提供关于他违反学校"禁止学生在学校携带或使用手机"的规定的任何额外证据。他带手机到学校被发现已经说明了他违反校规的问题。法院认为，"学生在校园中携带违禁品，并在上课时限内使用违禁品的违规做法会导致在这种情况下学生隐私期望的降低。"显然，负责科朗普案的法院不会同意这种辩护理由，认为密西西比州法院偏袒学生。而新泽西州T.L.O.案为教育工作者制定了不同的搜查和扣押标准，但最高法院并没有在该案中表明任何违反政策的行为都否定了学生之前拥有的隐私期望。在J.W.案中，法院似乎认为，如果一个学生选择故意违反学校政策，那么这个学生就应该接受其违禁品不再受宪法保护这一点。当然，也应该指出，密西西比州法院确实说明J.W.案中的行为故意违反了学校政策。但科朗普是在无意间违反了学校政策，我们应该将科朗普案的事实与J.W.案的事实区分开来。我不认为这是一个重要的因素。区分违反学校政策的行为到底是故意的还是无意的，真的有意义吗？考虑科朗普案和J.W.案（和其他搜查学生手机的案件）有诸多明显的矛盾，我更希望美国最高法院能重新审查这个问题，为教育工作者和学校执法人员提供必要的说明。

什么才是合理的？

在两种极端的情况下，法律还是非常明确的。例如，如果一名信誉良好的学生告诉学校员工，另一名学生的移动设备上有数学考试的答案，那么几乎就能确定，学校领导可以没收手机设备并进行检查。另一种极端的情况是，对因在书包中响铃而被没收的学生的手机进行搜查可能不被允许。当然，二者之间有许多模棱两可的灰色地带。

由此可见，学校应该明智地在其政策中发布一个具体的声明对学生带进学校的设备进行规范管理。政策应该建议所有人，学生将其个人设备带进学校后，一旦怀疑设备中包含违反学校规章或法律的内容，那就应该对设备进行检查。学生、员工、家长和在学校工作的执法人员要能够意识到这些政策的存在，这样就没有人会对采取类似的行动而感到惊讶。有越来越多的学校允许学生将手机和其他移动设备带进学校。因此，在这一问题上明确案例法和政策是非常必要的。

> **问题反思**
>
> 你是否认为仅仅因为学生持有手机（持有手机是唯一违反学校政策的行为）就能允许教育工作者对其手机进行检查呢？或者，如果教育工作者能够明确地说明他们有理由相信手机中有其他违反学校规章的证据时，是否应该允许他们对手机进行检查？你是否认为这个领域的法律应该做些改变呢？

为何没收学生的手机可能是个坏主意？

萨米尔·K. 辛社佳

在前面几节中，我们讨论过学生将其个人电子设备带到学校中的情况以及可能导致的后果。在我们的网站上，列有一个手机搜查清单，可能会对遇到这些情况的学校管理人员有所帮助。关于这些讨论，我想再花些时间关注一下扣留或没收这些设备以及搜查设备的问题。具体来说，我想要更加清晰地说明，即使某个学生被怀疑（或真的）违反了学校规定，没收他的设备对学校来说也不一定是最好的做法。

我曾经和格鲁吉亚肯尼索山高中校长马克·特哈特伯豪特（Mark Trachtenbroit）聊过这个问题。他说，他的学校曾经会没收上学铃响和放学铃响之间学生正在使用的手机，因为学生的这种做法违反了学校规定。然而，这变成了一项繁重的工作，而且导致了许多与学生相关的"并发症"。保管、贴标签以及管理这些没收的设备时简直一团糟，激愤的家长对此也怨声载道，要求学校归还自己孩子的设备。

因此，学校决定，教育工作者不再没收手机，只是对违反学校规定的学生进行适当的处罚。例如，第一次违反规定，只是进行严厉的口头警告。第二次违反规定，就要让学生星期六到校。第三次违反规定，会对学生进行在校停课的处罚。这种做法逐渐起到了一定作用，减少了负面结果的数量，但看起来似乎是一个不太理想的解决方案。正如学校领导所说的那样，他们认为，这样做因小失大，因为这种惩罚方式会让学生在本该学习的时间离开教室。这直接关系到《非儿童遗弃法》以及学年计划进展评估。学年计划进展评估是美国教育部确定每个学校和学区正确教育美国学生（在标准化考试中取得好的成绩）以及达到阅读、数学和毕业的学年目标的方式。学校不值得冒不达标的风险，而且在21世纪，对孩子们进行严厉的处罚也没有意义。也就是说，因学生被高科技吸引而对学生进行处罚不值得付出向联邦强制要求的目标做出妥协的巨大代价。这是非常重要的，可人们似乎都不明白这一点。

也许最重要的事情是，你无法阻止所有的学生在学校使用手机。这种事肯定会发生。因此，学校可以决定是禁止这种行为，还是允许这种行为。学校可以通过正式的方式禁止学生将这些设备带进学校，或允许他们在特定的时间（或任何时间）内使用手机。但是，无论学校怎样做，都需要找到一种办法，让学生、教育工作者和家长保持一致，并以学校试图培养的校风来实现这一目标。这种校风应该是鼓励积极、负责地使用科技产品，对使用不当和滥用的行为进行劝阻，而且还要尽可能地培养和促进这种风气。

问题反思

　　对于移动设备政策，你是否认为你能够向更宽容的方向发展而不是试图不断地抗拒呢？你如何设立一个较高的同时又能鼓励年轻人达到的标准来防止他们选择糟糕的行事方式呢？

针对全校学生的禁令越少，纠正校风的主动性越强

萨米尔·**K.** 辛社佳

　　电脑一直是许多学校的标配。事实上，20世纪80年代，贾斯汀和我所在的中学就安装了电脑。今天，我们访问学校时，无论学校是大还是小，在城市还是在郊区，全部（当然）都有电脑。许多学校在图书馆或其他公共区域都有计算机实验室或公用电脑。此外，不少教室中也安装了电脑，而且教师们经常使用各种多媒体设备来进行辅助教学。一些学校甚至为每名学生（一对一教学的学校）提供笔记本电脑或平板电脑。虽然关于学校提供的这些项目是否值得还存在不同的意见，但显然高科技已经成为教学的一部分。而且近年来，因为我们的智能手机和平板电脑能够完成很多我们曾经用台式电脑或笔记本电脑去完成的事情，因此，我们对电脑的使用已经有所减少。

　　一些学校试图通过制定政策禁止学生携带他们的电子设备进入学校，以防止学生在学校中做出对高科技产品的不当使用行为。由于他们没有在学生入校时进行检查，因此，在实际操作中不可能完全禁止这种行为。大多

数学校领导都考虑到这一点，并颁布了"如果被发现，你就会失去它"这种政策。我们的同事迈克·东林（Mike Donlin）是华盛顿教育学校安全中心的项目主管，他讽刺学校对待学生手机的态度就像对待内衣一样，他说："学校知道学生带了手机，但只是不想看见它们出现在教室中。"我们相信，一个覆盖范围很广的禁令会增加学生以积极的方式使用高科技产品的机会，况且有许多这样的禁令。

允许学生带自己的设备到学校中，有助于他们未来的教育。大多数学校没有足够的经费为每一名学生提供笔记本电脑或平板电脑。而且，由于不少学生都有手机、平板电脑或其他便携设备，学校几乎不需要额外的支出（例如，学校可以为少数没有设备的学生提供电子设备）。在学生们都配备了电子设备后，老师就可以要求学生利用这些设备来研究特定的问题。他们可以利用点击器或手机在现场对学生的观点及表现做出回应。他们可以使用相机功能拍照或拍摄视频进行有创造性的、互动性的项目。很多教师使用脸书、推特或Instagram作为教辅工具。事实上，教育工作者甚至还会利用流行的游戏——《愤怒的小鸟》来教授复杂的物理原理。学习的机会和网络本身一样无穷无尽。我们接到过不少来自学校领导的电话，他们都在考虑让学生带自己的移动设备来学校，因为试图不让他们将这些设备带进学校造成了许多令人头疼的问题，而且这些设备对帮助学生学习也有积极的作用。瓦尔登大学发布的报告显示："那些能够熟练使用高科技的老师……相较那些很少用高科技辅助教学的老师，呈现出高科技能为学生学习、参与度和技术提高带来更多益处的趋势。"

虽然我们需要知道学生将自己的设备带进学校所带来的好处以及潜在的问题，但应该强调，高科技并不是其中之一。手机本身没有什么问题，它们是令人惊叹的发明，改变了我们的沟通方式。相似地，脸书、Instagram、Snapchat或其他任何新技术本身都没有危险。使用社交媒体让我们能够开始、重建并强化人际关系，而且产生了许多情感和心理上的益处。然而，一些人可能会选择利用这些技术有意或无意地对他人造成伤害。这种伤害通常不是身体上的，尽管可能是身体伤害的后果或副作用。相反，这些伤害往往以不太明显但可能更有破坏性的方式发生。我们应该关注的正是这些行为，而不是技术本身。

　　根据疾病控制和预防中心的数据，机动车辆撞击是导致青少年死亡的首要原因。2013年，大约有2 500名青少年死于车祸。这是否意味着我们应该禁止青少年驾驶呢？当然不是。但我们需要采取措施，以防止事故的发生。例如，提供驾驶教育课程，鼓励家长养成良好的驾驶习惯，制定安全准则，等等。开车同样需要使用技术，你不可能只是将车钥匙扔给青少年，然后对他们说："祝你好运，平安！"但我们通常就是这么对待科技的：我们总是假设孩子们足够聪明并能保证自身的安全，因为我们告诉他们要这样做（或者他们可能在学校和新闻中听说了一些教训并将其内化了）。我们需要做得更加慎重和全面，而且应该定期提醒他们注意这些可能会发生的问题。他们只是青少年，你还是一个青少年的时候又要经历多少教训才能做好呢？也许比你希望的次数要多，我们也一样，所以别觉得失望。这应该有助于激励我们对青少年进行指导。家长需要在家中这么做，而且我们相信，他们在教育孩子明智地使用高科技方面承担着最主要的责任。当然，由于孩子每天大部分的时间都在学校中度过，因此，毫无疑问，学校人员也分担着很大的一部分责任。现在大多数学校都意识到，他们需要教育学生如何做出恰当的在线行为，并采取措施来防止学生在学校不当地使用科技。教育工作者也知道，无论是在校期间还是晚上或是周末，在网上发生的行为通常直接影响着在学校发生的事情。我们始终倡导学校通过发展和保持一个积极的、相互尊重的课堂和学校风气，来预防网络欺凌和色情短信事件的发生。

我们讨论过许多有关改善学校风气的问题，因为我们相信，这非常重要，并对这个问题的现有研究进行了分析，而且我们自己也对这个问题进行了调查。它确实很重要，也很管用。全国学校风气研究中心将校风定义为"学校生活的质量和特征。学校风气是基于学生、家长和学校人员在学校的经历和模式以及他们所反映出的规范、目的、价值、人际关系、教学和学习实践及组织结构"。总体而言，积极的校风能够为存在于学校之中的教育目标提供尊重、合作、信任和责任共担的环境。教育工作者、学生和所有与学校相关的人都是学校使命的一分子，为共同的目标一起努力。如果学校创建了这样的氛围，那么一切似乎都能处在正确的轨道上。例如，它绝对能够引发更多的学术成就和更深的教育探索。正如弗吉尼亚大学教育学教授丹尼尔·L.杜克（Daniel L. Duke）所说，没有任何一个计划、政策或实践能够说明所有年轻人伤害自己或他人的原因。没有任何一个策略能够防止陌生人或员工对学生的福利进行损害。对所有学校来说，最审慎的行动是全面解决安全问题。

我们认为，在学校和网络上的行为问题将会越来越少，因为学生不会希望做一些能让教师或其他与他们有密切联系的学生感到失望或不安的事情，去破坏他们在学校积极的人际关系。理想的情况下，表达观点时可以参考以下几种方式。

"我不会在网上发帖子，史密斯夫人是我最喜欢的老师，而且她真的很出色，我不希望她对我有不好的想法。"

"我不想让我所在学校的朋友认为我是发送这个消息的蠢货。"

"我所在的学校中所有学生都不在网上说脏话，因此，我也想保持页面的纯净。"

"我不希望错过任何机会或者从同伴中掉队，因此，我会建立一个良好的在线口碑。"

"我不想在所有人都做正确的事情时犯错误。"

我们都知道，青少年更有可能因为害怕听到朋友或家人（或其他的他们的榜样）可能做出的唠叨的回应而停止他们的不当行为。事实上，我们可以从某些经历中知道（而且很可能同意），这个阻止的力量比禁令、政策和法律更加有效。因此，在学校和学生之间、学生与学生之间、学校与学生家庭之间建立强大的关系，即使在大人不在场的情况下（例如，青少年上网的时候），这个原则也可以被用来劝阻负面行为并鼓励积极行为。

问题反思

鉴于积极的校风对如此多的教育目的都非常重要，你所在的学校具体采取了哪些措施来营造并维持这种校园环境呢？在哪些领域你还做得不够，你又将怎样进行纠正呢？

青少年和高科技，学区政策问题

萨米尔·K. 辛社佳

学区保护学生以及保护自身避免法律责任可以采取的一个重要的步骤是，对欺凌、骚扰以及它们与技术的重合部分——网络欺凌制定清晰、全面的政策。几乎所有的州都要求学区制定全面的政策，通常这些政策含有下列要素中的一项（或更多）。

1. 要求对当前的反欺凌政策添加"网络欺凌"或"电子欺凌"。

2. 为欺凌问题的后果和补救措施进行具体的分级。

3. 在发生影响校内秩序和学习过程的校外行为时，允许学校管理人员采取合理的措施。

4. 要求通知父母或监护人。

5. 要求对受害者和施害者进行问讯。

6. 要求对欺凌案件建立新的调查、举报和纪律程序。

7. 授权学校制订和实施预防计划（如互联网安全、伦理、利益培训和课程）。

在我们的《校外欺凌》一书中，阐述了更多的我们认为是有效的学校网络欺凌政策的重要组成部分的内容。这些源于我们对学校目前采取的措施以及哪些有用、哪些没用所做的调查。除了上述要素外，我们相信，更全面的预防和回应欺凌行为的倡议对改善学校的风气是非常有效的。让我们对这些要素做进一步的解释，以便你能够确定今年你的学校有一个坚实的基础来处理这些问题。

首要的一点是，在政策中清楚地界定它试图禁止的行为。政策制定得越具体，越有可能应对法律的挑战。当然，佛罗里达州总检察长办公室全州检察官威廉·谢夫尔德（William Shepherd）警告说："法律或政策应该具体，但行为会随着时间发生变化，因此，这些政策也必须与时俱进。"

此外，以下是我们列出的集中形式的欺凌行为，应该在学校的政策中进行明确的界定。一般来说，学生们认为，任何不想要的、粗俗的、淫秽的、色情的、贬低的、蔑视的或诽谤性的交流，或破坏学生的学习能力和学校在安全环境中教育学生的能力，或者导致某人承受实质性的情绪困扰或对身体伤害的恐惧的行为都应该受到纪律处分。

欺凌的形式

欺凌可以由一个人或一群人发起，可以是直接或间接的方式，并且可以采取以下形式。

1. "身体欺凌"——通过不受欢迎的方式进行推搡、踢、打、做手势或其他侵犯他人身体的行为，或对他人的财物进行不受欢迎的篡改。

2. "言语欺凌"——通过侮辱、戏弄、诅咒、威胁或以其他方式表达对他人的不友好言论。

3. "关系欺凌"——通过排斥、剔除和孤立行为来破坏某人在社会群体中的地位和关系。

4. "网络欺凌"——通过计算机、手机和其他电子设备故意并重复地伤害他人。

无论网络欺凌是否发生在校园内，无论是否包含了学校、家中或其他地方的电子设备，只要对学校政策定义的学习环境造成了损坏，都可以对其行为进行处罚。

还需记住的是，许多地区已经存在现有的政策，禁止各种形式的骚扰行为，包括基于种族和性别的骚扰政策。例如，任何构成性骚扰的行为都应该根据这些条款进行处理，无论这些行为是否也被视为欺凌或网络欺凌。

关于处罚，任何被发现参与、促成和（或）鼓励对其他学生或员工进行网络欺凌和（或）骚扰行为的学生需要受到处罚。学校的政策需要明确应该采取哪些具体的措施。为了确定骚扰或歧视的严重程度，可以考虑以下几点：不当行为如何对一个或多个学生的教育产生了影响，不当行为的形式、频率和持续时间，涉及的人数，被骚扰或歧视的主体，事件发生的过程和其他在学校发生的相关事件。任何被视为犯罪行为的网络欺凌（例如，对某人或其人身安全进行威胁）都将受到处罚并通知执法人员。

处罚可以包括下列不同行为：

- 联系家长；

- 行为保证；

- 失去特权（在学校或课堂外）；

- 与学生、家长、老师或学校领导举行会议；

- 学校安保人员进行干预；

- 学校服务工作或学生细节工作；

- 逐出教室；

- 失去校车特权（因其父母负责接送）；

- 改变教育计划或干预计划；

- 扣留（上课前、课堂上、放学后或在星期六）；

- 赔偿；

- 补偿；

- 以替代方式代替停课；

- 停课——学生最多10天不得到校；

- 转学到其他教育机构；

- 留级——将学生剩余的在校时间再加一年。

我们已经讨论过，将特定的行为与特定的处罚结果联系起来至关重要，这样学生就能知道，如果他们做出网络欺凌行为，可能造成什么后果。

应该创造性地寻找替代制裁的方式，而不是仅仅依靠扣留或停课。例如，可以要求那些对他人进行网络欺凌的人（基于不满情绪）去写关于网络欺凌会造成的负面影响的文章。他们也可能被要求写一封正式向受害方道歉的信。惩罚的结果要考虑具体情况并在此基础上进行。

我们真的认为，学校政策应该尽可能地具体化，确保其涵盖了通过短信或Instagram、Snapchat所进行的骚扰、欺骗和扰乱课堂环境的行为，对威胁、含糊的图片以及色情问题，可以考虑让法律和警察介入。要明确描述做出违禁行为的后果，让学生和家长参与到讨论之中。学校会因社区适应这些变化而出现一定的问题，但希望问题少点，离问题远点，而且随着时间的推移，情况会越来越好。

学生将学习适当的行为，而且，如果想要创建一种积极的校风，那么就应该尽快将这些变成规章制度。例如，与现在相比，在21世纪的头10年，手机在大学课堂上不是什么重要的问题。至少以我作为教授的经验来说，大学生能够很好地控制自己不让手机影响他们的学习。诚然，偶尔手机也会在课堂上响起，但通常学生会致歉并立即意识到自己的不当行为。当然，初中生和高中生与大学生不同，但我们乐观地认为，我们同样可以解决中学阶段的问题。

在制定或修订政策之后，学区需要对此进行学习。应该告知学生在什么情况下他们的个人电子设备会被没收并进行搜查。还应该提醒他们，在学校的设备上做出的任何行为都将受到审查并处以适当的纪律处分。学校应该通过集会、指导、社区会议和信息渠道（语音信箱、备忘录等）向学生和家长进行解释。要带着目的性去传达这些信息，不要只是假设他们知道学校的政策！就像一个来自佛罗里达州的学生告诉我的那样：我认为所有的学校在其学生手册中阐明欺凌和色情短信等行为的定义、后果以及可能受到的处罚，是一个很好的主意，但这样一来，也许孩子们应该每年都进行一次测验。我真是傻，在高中第一年搬家到佛罗里达州之前，我从来没有阅读过学生手册。我记得，上学的第一天我就遇到了点麻烦，因为我没有读过学生手册中的着装要求。我以前所在的学校在学年开始时会发放学年安排计划和学生手册，但没有人看过。我们只会把这些东西放在储物柜的底部。如果所有学校做事情都像让学生阅读学生手册一样简单，并确保学生明白他们读的东西的话，那么我认为，学校离教育学生在受到欺凌时向学校寻求帮助就又近了一步。

问题反思

制定政策不是防止欺凌行为的主要方式，但学校需要建立问责制并支持纪律处罚。你将用什么样的语言告诉学生那些被禁止的行为呢？为什么？对于这些规则，学校人员如何不断地提醒学生而不必总是通过讲课或说教的形式呢？最后，是否所有违反校规的行为都会造成一定的后果？学生是否有时会放弃他们正在进行的行为？如何才能保持学校的一致性，让学生觉得学校在使用处罚时没有采取过度或不公正的措施呢？

致　谢

　　如果没有大量来自个人和专业的看法的帮助，这本书就无法完成。首先，我们很感谢家人的支持，是他们的关心和鼓励让我们得以继续我们的事业。他们的爱伴我们熬过了漫长的研究和写作时光。我们非常感谢威斯康星大学欧克莱尔研究和赞助计划办公室以及佛罗里达州大西洋大学研究部对本书所做研究的支持。

　　我们还要感谢我们专业的同事，与我们一起为更好地理解青少年欺凌行为做贡献。尤其要感谢那些提供宝贵意见和批评反馈的人，包括艾米莉·贝兹伦、米歇尔·波巴（Michele Borba）、安·科利尔（Anne Collier）、斯坦·戴维斯、伊丽莎白·英格兰德、戴伦·劳尔（Darren Laur）、阿曼达·伦哈特（Amanda Lenhart）、特鲁迪·路德维希（Trudy Ludwig）、拉里·马吉德（Larry Magid）、查理斯·尼克松、苏·舍夫、瑞秋·西蒙斯（Rachel Simmons）、戴伯·特姆金（Deb Temkin）、南希·维拉德（Nancy Willard）和罗莎琳德·怀斯曼（Rosalind Wiseman）。对于他们，以及所有曾经受到欺凌影响的人，我们提供这本书并承诺将继续为我们的事业而奋斗。最后，我们要感谢上帝给我们研究这个问题并做出贡献的机会和能力。

　　我们还要感谢科温出版社的工作人员在制作图书的整个过程中给予我

们的专业指导。感谢阿里尔·巴特林（Ariel Bartlett）帮助我们完成这个项目。我们也同样感谢梅琳达·马松（Melinda Masson）在保证原文的基础上阐明了我们所要表达的思想。我们很幸运地拥有几位盲审，他们的努力让我们的工作更加完整。

参考文献

第一章

1. Hazelden Foundation. (2016). *The Olweus Bullying Questionnaire*. Retrieved from http://www.violencepreventionworks.org/public/olweus_preparation .page# questionnaire.

2. Bazelon, E. (2013, March 11). Defining bullying down. *The New York Times*. Retrieved from http://www.nytimes.com/2013/03/12/opinion/defining-bullyingdown. html?_r=2; see also Bazelon, Emily. (2013). *Sticks and stones: Defeating the culture of bullying and rediscovering the power of character and empathy*. New York, NY: Random House.

3. I should point out that not everyone agrees with me on this point. Even though just about every reputable definition of *bullying* includes repetition, some would argue against it as a necessary element. Indeed, even New Jersey's Anti-Bullying Bill of Rights Act defines harassment, intimidation, or bullying as "any gesture, any written, verbal or physical act, or any electronic communication, whether it be a single incident or *a series of incidents*" (emphasis added). While I disagree with this legal definition of bullying, I recognize the state's desire to account for a variety of types of harmful behavior.

4. Hinduja, S., & Patchin, J. W. (2015). *Bullying beyond the schoolyard: Preventing and responding to cyberbullying* (2nd ed.). Thousand Oaks, CA:Corwin. Retrieved from http://www.cyberbullyingbook.com.

5. Anti-Bullying Bill of Rights Statute, § 18A:37-13 et seq. [last updated

in 2015].Retrieved from http://lis.njleg.state.nj.us/cgi-bin/om_isapi.dll?clientID =252213&Depth=4&TD=WRAP&advquery=%2218A%3a37-13%22&heading swithhits=on&infobase=statutes.nfo&rank=&record={85FB}&softpage=Doc_ Frame_Pg42&wordsaroundhits=2&x=31&y=11&zz=.

6. Walker, M. (2013, November 14). Is it bullying or drama? *The Huffington Post*.Retrieved from http://www.huffingtonpost.com/2013/11/13/bullying-ordrama_n_4268218.html; Wolak, J., Mitchell, K. J., & Finkelhor, D. (2007). Does online harassment constitute bullying? An exploration of online harassmentby known peers and online-only contacts. Journal of *Adolescent Health,*41, S51–S58. Retrieved from http://www.unh.edu/ccrc/pdf/CV172. pdf.

7. Ali, R. (2010, October 26). Dear colleague [Letter]. U.S. Department of Education, Office of Civil Rights. Retrieved from http://www2.ed.gov/about/ offices/list/ocr/letters/colleague-201010.pdf.

8. boyd, d., & Marwick, A. (2011, September 22). Bullying as true drama. The New York Times. Retrieved from http://www.nytimes.com/2011/09/23/ opinion/why-cyberbullying-rhetoric-misses-the-mark.html; see also boyd, (2014). *It's complicated: The social lives of networked teens*. New Haven, CT: Yale University Press.

9. Hazelden Foundation. (2016). *Bullying is a serious issue*. Retrieved from http:// www.violencepreventionworks.org/public/bullying.page; see also Olweus, D. (1993). *Bullying at school: What we know and what we can do*. Cambridge, MA: Blackwell.

10. Minnesota Department of Education. (2015). *Bullying and cyber-bullying*. Retrieved from http://education.state.mn.us/MDE/StuSuc/SafeSch/ Bullyi CyberBullyPrev/index.html.

11. State of Delaware. (n.d.). Title 14: Education: Free Public Schools.

Chapter 41. General Regulatory Provisions, § 4112D School Bullying Prevention. Retrieved from http://delcode.delaware.gov/title14/c041/index. shtml#4112D.

12. Louisiana State Legislature. (n.d.). RS 14 § 40.7. Cyberbullying. Retrieved from http://legis.la.gov/Legis/law.aspx?d=725180.

13. Scheff, S. (2013, October, 30). Accidental bullying and cyberbullying. The Huffington Post. Retrieved from http://www.huffingtonpost.com/sue-scheff/ accidental-bullying-and-c_b_3843092.html?utm_hp_ref=tw.

14. Ibid.

15. Aftab, P. (n.d.). Off site Internet activities and schools: What methods work with the different kinds of cyberbullies? *STOP Cyberbullying*. Retrieved from http:// www.stopcyberbullying.org/educators/howdoyouhandleacyberbully. html.

16. Ibid.

17. Aftab, P. (2006–2011). A parent's guide to cyberbullying [emphasis added]. Wired Safety. Retrieved from https://www.wiredsafety.org/toolkitmedia/ files/ file/Parent_s_Articles/A_Parent_s_Guide_to_Cyberbullying_-_Extended. pdf.

18. Stan Davis (2003) is the author of *Schools where everyone belongs: Practical strategies for reducing bullying*. Wayne, ME: Stop Bullying Now.

19. See, for example, Englander, E. (2013). *Bullying and cyberbullying: What every educator needs to know*. Cambridge, MA: Harvard Education Press.

20. Lori Ernsperger (2016) is the author of *recognize, respond, report: Preventing and addressing bullying of students with special needs. Baltimore*, MD: Brookes.

第二章

1. Patchin, J. W., & Hinduja, S. (2012). Cyberbullying: An update and synthesis of the research. In J. W. Patchin & S. Hinduja (Eds.), *Cyberbullying prevention and response: Expert perspectives* (pp. 13–36). New York, NY: Routledge.

2. Mitchell, K. J., Finkelhor, D., Jones, L. M., & Wolak, J. (2012). Prevalence and characteristics of youth sexting: A national study. Pediatrics, 129, 13–20; Strassberg, D. S., McKinnon, R. K., Sustaíta, M. A., & Rullo, J. (2013). Sexting by high school students: An exploratory and descriptive study. *Archives of Sexual Behavior*, 42, 15–21.

3. Mitchell, K. J., Finkelhor, D., Jones, L. M., & Wolak, J. (2012). Prevalence and characteristics of youth sexting: A national study. *Pediatrics*, 129, 13–20.

4. Lee, F. R. (1993, April 4). Disrespect rules. *The New York Times*. *Retrieved from* http://www.nytimes.com/1993/04/04/education/disrespect-rules. html?src=pm.

5. Centers for Disease Control and Prevention. (2011, May 3). *Understanding school violence fact sheet*, 2010. Retrieved from http://www.cdc. gov/ncipc/dvp/ YVP/SV_Factsheet.pdf; for Pollack's book, see http://www. williampollack .com/real_boys_intro.html.

6. Olweus, D. (2012). Cyberbullying: An overall phenomenon? *European Journal of Developmental Psychology*, 9, 520–538. doi:10.1080/17405629.2012. 705086.

7. For more information, see Hinduja, S., & Patchin, J. W. (2012). Cyberbullying: Neither an epidemic nor a rarity. *European Journal of Developmental Psychology*, 9, 539–543.

8. Patchin, J. W., & Hinduja, S. (2012). *Cyberbullying prevention and response*:

Expert perspectives. New York, NY: Routledge.

9. Hinduja, S., & Patchin, J. W. (2015). *Bullying beyond the schoolyard*: Preventing and responding to *cyberbullying* (2nd ed.). Thousand Oaks, CA: Corwin.

10. For more information about our methodology, see cyberbullying.org/ research.

11. Jones, L. M., Mitchell, K. J., & Finkelhor, D. (2013). Online harassment in context: Trends from three youth Internet safety surveys (2000, 2005, 2010). Psychology of Violence, 3, 53–69. Retrieved from http://psycnet.apa.org/journals/ vio/3/1/53.

12. DeVoe, J. F., & Hill, M. (2011). *Student victimization in U.S. schools: Results from the 2009 School Crime Supplement to the National Crime Victimization* Survey. Washington, DC: U.S. Government Printing Office, p. 11. Retrieved from http://nces.ed.gov/pubs2012/2012314.pdf.

13. Institute of Education Sciences. (2013). *Student reports of bullying and cyber bullying: Results from the 2013 School Crime Supplement to the National Crime Victimization* Survey. Retrieved from http://nces.ed.gov/ pubs2015/2015056 .pdf.

14. See, for example, Sabella, R. A., Patchin, J. W., & Hinduja, S. (2013). Cyberbullying myths and realities. *Computers in Human Behavior*, 29, 2703– 2711.

15. Corby, E., Campbell, M., Spears, B., Slee, P., Butler, D., & Kift, S. (2015). Students' perceptions of their own victimization: A youth voice perspective. *Journal of School Violence*. Advance online publication. doi:10.1080/15388220 .2014.996719.

16. Branco, J. (2015, March 11). Cyber bullying not as concerning as face-to-face for kids: Study. *Brisbane Times*. Retrieved from http://www. brisbanetimes.com .au/queensland/cyber-bullying-not-as-concerning-as-facetoface-for-kids-study- 20150310-13zx7y.

17. Dillon, K. P., & Bushman, B. J. (2015). Unresponsive or un-noticed? Cyberbystander intervention in an experimental cyberbullying *context*. *Computers in Human Behavior*, 45, 144–150.

18. Desai, A. N. (2015, February 26). Online trolls, cyber-bullying succeeds because no one intervenes or stands-up against the bullies, prove scientists. *The Inquisitr.* Retrieved from http://www.inquisitr.com/1876523/cyber-bullyingsucceeds.

19. You can watch the video on YouTube at https://www.youtube.com/watch?v= EisZTB4ZQxY.

20. Hinduja, S., & Patchin, J. W. (2015). *Bullying beyond the schoolyard: Preventing and responding to cyberbullying* (2nd ed.). Thousand Oaks, CA: Corwin.

21. Duggan, M. (2015, August 19). Mobile messaging and social media 2015. Pew Research Center. Retrieved from http://www.pewinternet. org/2015/08/19/ mobile-messaging-and-social-media-2015.

22. Kessler, J. (2010, April 30). Principal to parents: Take kids off Facebook. CNN. Retrieved from http://www.cnn.com/2010/TECH/04/30/ principal.facebook .ban/index.html.

23. Finkelhor, D., Turner, H., Ormrod, R., & Hamby, S. L. (2010). Trends in childhood violence and abuse exposure. *Archives & Adolescent Medicine*, 164, 238–242; Jones, L. M., Mitchell, K. J., & Finkelhor, D. (2013). Online harassment in context: Trends from three youth Internet safety surveys (2000, 2005, 2010). Psychology of Violence, 3, 53–69. Retrieved from http://psycnet. apa.org/ journals/vio/3/1/53.

24. For more information, see Hinduja, S., & Patchin, J. W. (2012). Cyberbullying: Neither an epidemic nor a rarity. *European Journal of Developmental Psychology*, 9, 539–543.

25. Temkin, D. (2013, September 29). Stop saying bullying causes suicide. The Huffington Post. Retrieved from http://www.huffingtonpost.com/deborah-temkin/ stop-saying-bullying-caus_b_4002897.html.

26. Ibid.

27. Kim, Y. S., & Leventhal, B. (2008). Bullying and suicide. A review. International *Journal of Adolescent Medicine and Health*, 20, 133–154. Retrieved from http:// www.ncbi.nlm.nih.gov/pubmed/18714552.

28. Centers for Disease Control and Prevention. (2015). *Suicide: Risk and protective factors*. Retrieved from http://www.cdc.gov/ViolencePrevention/ suicide/ riskprotectivefactors.html.

29. Hinduja, S., & Patchin, J. W. (2010). Bullying, cyberbullying, and suicide. *Archives of Suicide Research*, 14, 206–221.

30. Temkin, D. (2013, September 29). Stop saying bullying causes suicide. The Huffington Post. Retrieved from http://www.huffingtonpost.com/ deborahtemkin/ stop-saying-bullying-caus_b_4002897.html.

31. Mitchell, K. J., Jones, L. M., Turner, H. A., Shattuck, A., & Wolak, J. (2015, June 1). The role of technology in peer harassment: Does it amplify harm for youth? *Psychology of Violence*. Advance online publication. doi:10.1037/ a0039317.

32. Hamaker, P. (2015, June 3). Study finds in-person bullying to be more harmful than cyberbullying. Examiner. Retrieved from http://www. examiner.com/article/ study-finds-person-bullying-to-be-more-harmful-than-cyberbullying.

33. Mitchell, K. J., Jones, L. M., Turner, H. A., Shattuck, A., & Wolak, J. (2015, June 1). The role of technology in peer harassment: Does it amplify harm for youth? Psychology of Violence. Advance online publication. doi:10.1037/ a0039317.

34. Ibid.

35. Cuadrado-Gordillo, I. (2012, July). Repetition, power imbalance, and intentionality: Do these criteria conform to teenagers' perception of bullying? A role-based analysis. *Journal of Interpersonal Violence*, 27, 1889–1910.

36. Patchin, J. W., & Hinduja, S. (2015). Measuring cyberbullying: Implications for research. *Aggression and Violent Behavior*, 23, 69–74. Retrieved from http:// www.sciencedirect.com/science/article/pii/S1359178915000750.

37. Mitchell, K. J., Jones, L. M., Turner, H. A., Shattuck, A., & Wolak, J. (2015, June 1). The role of technology in peer harassment: Does it amplify harm for youth? *Psychology of Violence*. Advance online publication. doi:10.1037/ a0039317.

38. Bonanno, R. A., & Hymel, S. (2013). Cyber bullying and internalizing difficulties: Above and beyond the impact of traditional forms of bullying. Journal of Youth and Adolescence, 42, 685–697.

39. Campbell, M., Spears, B., Slee, P., Butler, D., & Kift, S. (2012). Victims' perceptions of traditional and cyberbullying, and the psychosocial correlates of their victimisation. Emotional and Behavioural Difficulties, 17, 389–401.

第三章

1. Hale-Spencer, M. (2014, June 6). State's top court questions efficacy of cyberbullying law. *The Altamont Enterprise Guilderland*. Retrieved from http:// www.altamontenterprise.com/news/guilderland/06062014/states-top-court-questionsefficacy-cyberbullying-law.

2. *People v. Marquan M.*, 24 N.Y.3d 1, 9 (2014). Page 11. Retrieved from http://www.nycourts.gov/ctapps/Decisions/2014/Jul14/139opn14-Decision.pdf; see p. 11.

3. Bethel School District No. 403 v. Fraser, 478 U.S. 675 (1986).

4. New York's highest court says cyberbullying criminal law goes too far. (2014, July 1). New York Civil Liberties Union. Retrieved from http://www.nyclu.org/news/nys-highest-court-says-cyberbullying-criminal-law-goes-too-far.

5. *People v. Marquan M.*, 24 N.Y.3d 1 (2014). Retrieved from http://www.nycourts.gov/ctapps/Decisions/2014/Jul14/139opn14-Decision.pdf; see p. 8.

6. Ibid., p. 15.

7. Ibid., p. 14.

8. Local law no. 11 for 2010: A local law prohibiting cyber-bullying in Albany County (2010, July 12). Retrieved from http://www.albanycounty.com/Libraries/Crime_Victims_and_Sexual_Violence_Center/LocalLaw_No_11_for_2010_CyberBullying.sflb.ashx.

9. People v. Marquan M., 24 N.Y.3d 1 (2014). Retrieved from http://www.nycourts.gov/ctapps/Decisions/2014/Jul14/139opn14-Decision.pdf.

10. Wiessner, D. (2014, July 1). N.Y. top court says cyberbullying law violates free speech. *Reuters*. Retrieved from http://www.reuters.com/article/2014/07/01/us-new-york-cyberbully-idUSKBN0F64N420140701.

11. Fenske, A. (2012, April 24). Cyber bullying ordinance passed in Viroqua. *Weau*. Retrieved from http://www.weau.com/home/headlines/Cyber_bullying_ordinance_passed_in_Viroqua_148754995.html.

12. Romano, C. (2012, April 25). Franklin makes cyberbullying a crime. *Franklin Now*. Retrieved from http://www.franklinnow.com/news/148874525.html.

13. Megan Meier case prompts cyberbullying ordinance in small Missouri town.(2008, March 5). *KSDK*. Retrieved from http://archive.ksdk.com/news/story .aspx?storyid=141601.

14. Wisconsin Statutes. (2015, November 19). Chapter 947: Crimes

against public peace, order and other interests. Retrieved from http://docs.legis. wisconsin.gov/statutes/statutes/947.pdf.

15. Ibid.

16. *Riley v. California*, 573 U.S. ___ (2014). Retrieved from http://www. supreme court.gov/opinions/13pdf/13-132_8l9c.pdf.

17. Ibid.

18. *United States v. Wurie*, 573 U.S. ___ (573 U.S. 2014).

19. This authority stems from another case, Chimel v. California, 395 U.S. 752 (1969). Retrieved from http://caselaw.findlaw.com/us-supreme-court/395/752.html.

20. *New Jersey v. T.L.O.*, 469 U.S. 325 (1985). Retrieved from https://www. law.cornell.edu/supremecourt/text/469/325.

21. Public Act 098-0801: HB4207 enrolled. (2014–2015). Retrieved from http://www.ilga.gov/legislation/publicacts/98/PDF/098-0801.pdf.

22. Right to Privacy in the School Setting Act (105 ILCS 75). (2014). Retrieved from http://www.ilga.gov/legislation/ilcs/ilcs3.asp?ActID = 3504&ChapterID=17.

23. Ibid.

24. Right to Privacy in the School Setting Act (105 ILCS 75) amendments. (2015, August 25). Retrieved from http://www.ilga.gov/legislation/publicacts/ fulltext.asp?Name=099-0460.

25. National Center for Education Statistics. (1996, September). *Creating safe and drug-free schools: An action guide*. Washington, DC: U.S. Department of Education. Retrieved from https://www2.ed.gov/offices/OSDFS/actguid/ searches.html.

26. *Vernonia School District 47J v. Acton*, 515 U.S. 646 (1995); *Board of Education of Independent School District No. 92 of Pottawatomie County v. Earls*, 536 U.S.

822 (2002).

27. *New Jersey v.* T.L.O., 469 U.S. 325 (1985). Retrieved from https://www.law.cornell.edu/supremecourt/text/469/325.

28. Cyberbullying Research Center. (2011, February 10). When can educators search student cell phones? Retrieved from http://cyberbullying.org/when-can-educators-search-student-cell-phones.

29. Brown, C. (2014, March 25). ACLU wins settlement for sixth-grader's Facebook posting. Star Tribune. Retrieved from http://www.startribune.com/minnewaska-student-wins-70k-from-school-over-facebook-post/252263751.

30. Dame, Jonathan. (2014, January 10). Will employers still ask for Facebook passwords in 2014? USA Today. Retrieved from http://www.usatoday.com/story/money/business/2014/01/10/facebook-passwords-employers/4327739/.

31. HF 826: Safe and Supportive Minnesota Schools Act. (2014). Retrieved from https://www.revisor.mn.gov/bills/text.php?session=ls88&number=HF826&sess ion_number=0&session_year=2013&version=list.

32. Patchin, Justin W. (2011, September 1). Another well-meaning, but unfunded mandate to address bullying. *Cyberbullying Research Center.* Retrieved from http://cyberbullying.org/another-well-meaning-but-unfunded-mandateto-address-bullying/.

33. HF 826: Safe and Supportive Minnesota Schools Act [emphasis added]. (2014). Retrieved from https://www.revisor.mn.gov/bills/text.php?session=ls88&numb er=HF826&session_number=0&session_year=2013&version=list.

34. A gut check, please, on the Safe and Supportive Schools Act. (2014, April 2).*Star Tribune*. Retrieved from http://www.startribune.com/a-gut-check-pleaseon-the-safe-and-supportive-schools-act/253648041.

35. For example, *Bethel School District No. 403 v. Fraser*, 478 U.S. 675

(1986); *Hazelwood School District et al. v. Kuhlmeier,* 484 U.S. 260 (1988).

36. For example, *Doninger v. Niehoff,* 527 F.3d 41 (2d Cir. 2008); Fenton v. Stear, 423 F.Supp. 767 (E.D. Pa. 1976); *J.S. v. Bethlehem Area School District,* 757 A.2d 412 (Pa. Commw. Ct. 2000); *Kowalski v. Berkeley County Schools,* 652 F.3d 565 (4th Cir. 2011); *Wisniewski v. Board of Education of the Weedsport Central School District,* 494 F.3d 34 (2d Cir. 2007).

37. See also *Barr v. Lafon,* 217 F. App'x 518 (6th Cir. 2007).

38. For example, *J.S. ex rel. Snyder v. Blue Mountain School District,* 650 F.3d 915 (3d Cir. 2011) (en banc); *Layshock v. Hermitage School District,* 412 F. Supp. 2d 502 (W.D. Pa. 2006).

39. *Tinker et al. v. Des Moines Independent Community School District et al.,* 393 U.S. 503 (1969); *Layshock v. Hermitage School District,* 593 F.3d 249 (3d Cir. 2010); *aff'd,* 650 F.3d 205 (3d Cir. 2011) (en banc). Retrieved from http://www.ca3.uscourts.gov/opinarch/074465p1.pdf and http://www2.ca3. uscourts.gov/opinarch/074465p1.pdf.

40. Chapter 155: HB 1523—Final version. (2010). Retrieved from http:// www.gencourt.state.nh.us/legislation/2010/hb1523.html.

41. TN Code § 49-6-4502. (2014). Retrieved from http://law.justia.com/ codes/tennessee/2014/title-49/chapter-6/part-45/section-49-6-4502.

42. See http://cyberbullying.org/cyberbullying-laws/.

43. Sweet, Stevens, Katz, & Williams. (2016). *Andrew E. Faust.* Retrieved from http://www.sweetstevens.com/attorneys/andrew-e-faust.

44. Individuals with Disabilities Education Act, 20 U.S.C. § 1400 (2004).

45. NYC Department of Education. (2015). *Eligible categories of disability.* Retrieved from http://schools.nyc.gov/Academics/SpecialEducation/SEP/ determination/eligible-categories-disability.htm.

46. Smith, D. D. (2014, April 30). Emotional or behavioral disorders

defined. Education.com. Retrieved from http://www.education.com/reference/article/emotional-behavioral-disorders-defined.

47. NYC Department of Education, 2.08 (3) (a) (iii).

48. Individuals with Disabilities Education Act, 20 U.S.C. § 1400 (2004).

49. Ibid.

50. National Institute of Mental Health. (n.d.). *Autism spectrum disorder*. Retrieved from http://www.nimh.nih.gov/health/topics/autism-spectrum-disorders-asd/index.shtml.

51. Baumel, J. (2010, February). What is an IEP? Great Kids. Retrieved from http://www.greatschools.org/special-education/legal-rights/513-what-is-an-iep.gs.

52. French, Robert. (2015, November 25). Woolworths employee jailed over workplace bullying at Moe store. News. Retrieved from http://www.abc.net.au/news/2015-11-25/woolworths-employee-jailed-over-workplace-bullyingat-moe-store/6973828.

53. News One Now. (2015, April 16). ADHD wars against black boys: Dr. Umar Johnson details how to combat misdiagnosis of the learning disorder. *NewsOne*. Retrieved from http://newsone.com/3107853/adhd-misdiagnosis-black-boys-drumar-johnson.

第四章

1. White House. (2011, March 10). President and First Lady call for a united effort to address bullying. *Office of the Press Secretary*. Retrieved from https://www.whitehouse.gov/the-press-office/2011/03/10/president-and-first-lady-call-unitedeffort-address-bullying.

2. Martinson, R. (1974). *What works? Questions and answers about prison reform*. Retrieved from http://www.nationalaffairs.com/doclib/ 20080527_

197403502 whatworksquestionsandanswersaboutprisonreformrobertmartinson. pdf.

3. Ibid., p. 25.

4. For more data, see http://sentencingproject.org/doc/publications/inc_ Trends_in_Corrections_Fact_sheet.pdf.

5. Sneed, T. (2015, February, 12). Mass incarceration didn't lower crime, but can Congress be convinced? U.S. News. Retrieved from http://www.usnews. com/news/articles/2015/02/12/mass-incarceration-didnt-lower-crime-but-cancongress-be-convinced.

6. Espelage, D. L. (2013). Why are bully prevention programs failing in U.S. schools? *Journal of Curriculum and Pedagogy*, 10, 121–124.

7. Jeong, S., & Lee, B. H. (2013). A multilevel examination of peer victimization and bullying preventions in schools. *Journal of Criminology*, 2013, 1–10. Retrieved from http://www.hindawi.com/journals/jcrim/2013/735397.

8. Yeager, D. S., Fong, C. L., Lee, H. Y., & Espelage, D. L. (2015). Declines in efficacy of anti-bullying programs among older adolescents: Theory and a three-level meta-analysis. *Journal of Applied Developmental Psychology*, 37, 36–51.

9. Finkelhor, D., Vanderminden, J., Turner, H., Shattuck, A., & Hamby, S. (2014). Youth exposure to violence prevention programs in a national sample. Child Abuse & Neglect, 38, 677–686.

10. Ttofi, M. M., & Farrington, D. P. (2011). Effectiveness of school-based programs to reduce bullying: A systematic and meta-analytic review. *Journal of Experimental Criminology*, 7, 27–56.

11. Finkelhor, D., Vanderminden, J., Turner, H., Shattuck, A., & Hamby, S. (2014). Youth exposure to violence prevention programs in a national sample. *Child Abuse & Neglect*, 38, 683.

12. Ibid., p. 680.

13. Martinson, R. (1974). What works? Questions and answers about prison reform. Public Interest, 35, 22–35.

14. Wilson, J. Q. (1980). What works? Revisited: New findings on criminal rehabilitation. Public Interest, 61, 3–17; Ttofi, M. M., & Farrington, D. P. (2011). Effectiveness of school-based programs to reduce bullying: A systematic and meta-analytic review. *Journal of Experimental Criminology*, 7, 27, 45.

15. Perlus, J. G., Brooks-Russell, A., Wang, J., & Iannotti, R. J. (2014). Trends in bullying, physical fighting, and weapon carrying among 6th- through 10thgrade students from 1998 to 2010: Findings from a national study. *American Journal of Public Health*, 104, 1100–1106.

16. U.S. Department of Justice, Office of Justice Programs, & Bureau of Justice Statistics. (2014). *National Crime Victimization Survey: School Crime Supplement*, 2013. Ann Arbor, MI: Inter-University Consortium for Political and Social Research. Retrieved from http://www.icpsr.umich.edu/icpsrweb/ICPSR/ studies/34980.

17. Centers for Disease Control and Prevention. (2012, June 8). Youth risk behavior surveillance—United States, 2011. *Surveillance Summaries* (MMWR), 61(4), 1–162. Retrieved from http://www.cdc.gov/mmwr/pdf/ss/ss6104.pdf.

18. Finkelhor, D., Vanderminden, J., Turner, H., Shattuck, A., & Hamby, S. (2014). Youth exposure to violence prevention programs in a national sample. Child Abuse & Neglect, 38, 677–686.

19. Cyberbullying Research Center. (2010, January 27). Social norms and *cyberbullying among students*. Retrieved from http://cyberbullying.org/social-normsand-cyberbullying-among-students.

20. Hinduja, S., & Patchin, J. (2012). *School climate 2.0: Preventing cyberbullying and sexting one classroom at a time*. Thousand Oaks, CA: Corwin.

21. Kingsland, R. L. (2014, September 23). Some say anti-bullying program goes too far. Mail Tribune. Retrieved from http://www.mailtribune.com/article/20140923/NEWS/140929897/101067/NEWS; National School Boards Association. (2014, July 8). Father of bullied student who committed suicide sues Illinois district and producers of anti-bullying video. Legal Clips.

22. Patchin, J. W., & Hinduja, S. (2014). *Words wound*: Delete *cyberbullying and make kindness go viral*. Minneapolis, MN: Free Spirit.

23. Cyberbullying Research Center. (2014, July 18). *Empower bystanders to improve school climate*. Retrieved from http://cyberbullying.org/empowerbystanders-to-improve-school-climate.

24. See cyberbullying.org/laws and Section III of this book.

25. Pratt, T. C., Cullen, F. T., Blevins, K. R., Daigel, L. E., & Madensen, T. D. (2006). The empirical status of deterrence theory: A meta-analysis. In F. T. Cullen, J. P. Wright, & K. R. Blevins (Eds.), *Taking stock: The status of criminological theory, advances in criminological theory* (Vol. 15, pp. 367–396). New Brunswick, NJ: Transaction.

26. Ruder, D. B. (2008, September–October). The teen brain. *Harvard*. Retrieved from http://harvardmagazine.com/2008/09/the-teen-brain.html.

27. Hinduja, S., & Patchin, J. W. (2013). Social influences on cyberbullying behaviors among middle and high school students. *Journal of Youth and Adolescence*, 42, 711–722.

28. H.R. 1966 (111th). Megan Meier Cyberbullying Prevention Act. (2009–2010). Retrieved from https://www.govtrack.us/congress/bills/111/hr1966.

29. Maimon, D., Antonaccio, O., & French, M. T. (2012). Severe sanctions, easy choice? Investigating the role of school sanctions in preventing adolescent violent offending. Criminology, 50, 495–524. doi:10.1111/j.1745-9125.2011.00268.x.

30. Gregory, A., & Corneli, D. (2009). "Tolerating" adolescent

needs: Moving beyond zero tolerance policies in high school. *Theory Into Practice*, 48, 106–113. Retrieved from http://www.tandfonline.com/doi/abs/10.1080/00405840902776327; *American Psychological* Association Zero Tolerance Task Force. (2008, December). Are zero tolerance policies effective in the schools? An evidentiary review and recommendations. *American Psychologist*, 63, 852–862. Retrieved from http://www.ncbi.nlm.nih.gov/pubmed/19086747.

31. Braithwaite, J. (1989). *Crime, shame, and reintegration.* Cambridge, UK: Cambridge University Press.

32. Ibid.

33. O' Malley, P. M., & Bachman, J. G. (1983, March). Self-esteem: Change and stability between ages 13 and 23. *Developmental Psychology*, 19, 257–268. Retrieved from http://psycnet.apa.org/journals/dev/19/2/257/.

34. Dolak, K. (2012, February 21). Tommy Jordan, who shot daughter' s laptop, defends himself. *ABC News*. Retrieved from http://abcnews.go.com/blogs/headlines/2012/02/tommy-jordan-who-shot-daughters-laptop-defends-himself/.

35. Llorens, I. (2012, April 25). Denise Abbott, Ohio mom, uses Facebook photo to punish teenage daughter (Video). *Huffpost Parents*. Retrieved from http://www.huffingtonpost.com/2012/04/25/denise-abbott-mom-facebook-photopunishment_n_1452661.html.

36. Cyberbullying Research Center. (2012, May 1). Cyberbullying your own kids to punish them. Retrieved from http://cyberbullying.org/cyberbullying-yourown- kids-to-punish-them/.

37. Hinduja, S., & Patchin, J. W. (2013). Social influences on cyberbullying behaviors among middle and high school students. *Journal of Youth and Adolescence*, 42, 711–722.

38. Hirschi, T. (1969). *Causes of delinquency*. Berkeley: University of California Press.

39. Wlodkowski, R. J. (1983). *Motivational opportunities for successful teaching*. Phoenix, AZ: Universal Dimensions.

40. Cohen, J. (2006). Social, emotional, ethical, and academic education: Creating a climate for learning, participation in democracy, and well-being. *Harvard Educational Review*, 76, 201–237. Retrieved from http://hepgjournals. org/doi/abs/10.17763/haer.76.2.j44854x1524644vn.

41. Hinduja, S., & Patchin, J. (2012). School climate 2.0: *Preventing cyberbullying and sexting one classroom at a time*. Thousand Oaks, CA: Corwin.

42. Klein, J., Cornell, D., & Konold, T. (2012, September). Relationships between bullying, school climate, and student risk behaviors. *School Psychology Quarterly*, 27, 154–169. Retrieved from http://psycnet.apa.org/journals/ spq/27/3/154/; Thapa, A., Cohen, J., Higgins-D'Alessandro, A., & Guffey, S. (2012). School climate research summary: August 2012. *School Climate Brief*, No. 3. New York, NY: National School Climate Center. Retrieved from https:// www.schoolclimate.org/climate/documents/policy/sc-brief-v3.pdf.

43. Dawn, R. (2015, September 3). The unexpected advantage of giving your child a unique name. *Today*. Retrieved from http://www.today.com/parents/ unexpectedadvantage-giving-your-child-unique-name-t42206.

44. Ybarra, M. L., & Mitchell, K. J. (2004). Online aggressor/targets, aggressors, and targets: A comparison of associated youth characteristics. *Journal of Child Psychology and Psychiatry*, 45, 1308–1316.

45. Privacy breach or public safety? Teens' Facebook posts monitored by school district. (2013, September 16). *NBC News*. Retrieved from http://www. nbcnews.com/technology/privacy-breach-or-public-safety-teens-facebookposts-monitored-school-8C11167659.

46. Madden, M., Lenhart, A., Cortesi, S., Gasser, U., Duggan, M., Smith, A., & Beaton, M. (2013, May 21). *Teens, social media, and privacy*. Pew Research Center. Retrieved from http://www.pewinternet.org/2013/05/21/teens-socialmedia-and-privacy.

47. Patchin, J. W., & Hinduja, S. (2010). Changes in adolescent online social networking behaviors from 2006 to 2009. Computers in Human Behavior, 26, 1818–1821.

48. Hinduja, S., & Patchin, J. (2012). School climate 2.0: Preventing *cyberbullying and sexting one classroom at a time*. Thousand Oaks, CA: Corwin.

49. Davis, S., & Nixon, C. (2010). Youth voice project: Student insights into bullying and peer mistreatment. Champaign, IL: Research Press.

50. Patchin, J. W., & Hinduja, S. (2015, May 1). *Summary of our cyberbullying research* (2004–2015). Cyberbullying Research Center. Retrieved from http://cyberbullying.org/summary-of-our-cyberbullying-research.

51. Hinduja, S., & Patchin, J. W. (2007). Offline consequences of online victimization: School violence and delinquency. *Journal of School Violence*, 6(3), 89–112; Hinduja, S., & Patchin, J. W. (2009, July 30). *Cyberbullying research summary: Emotional and psychological consequences*. Cyberbullying Research Center. Retrieved from http://cyberbullying.org/cyberbullying-research-sum mary-emotional-and-psychological-consequences; Hinduja, S., & Patchin, J. W. (2010, July 1). *Cyberbullying research summary: Cyberbullying and selfesteem*. Cyberbullying Research Center. Retrieved from http:// cyberbullying. org/cyberbullying-research-summary-cyberbullying-and-self-esteem; Hinduja, S., & Patchin, J. W. (2010, July 1). *Cyberbullying research summary: Cyberbullying and strain*. Cyberbullying Research Center. Retrieved from http://cyberbullying.org/cyberbullying-research-summary-cyberbullying-andstrain; Hinduja, S., & Patchin, J. W. (2010, July 1). *Cyberbullying research*

summary: Cyberbullying and suicide. Cyberbullying Research Center. Retrieved from http://cyberbullying.org/cyberbullying-research-summary-cyberbullyingand-suicide.

52. Hinduja, S., & Patchin, J. W. (2011). Cyberbullying: A review of the legal issues facing educators. *Preventing School Failure: Alternative Education for Children and Youth,* 55, 71–78.

53. Ali, R. (2010, October 26). "Dear colleague" letter. U.S. Department of Education, Office for Civil Rights. Retrieved from http://www2.ed.gov/about/offices/list/ocr/letters/colleague-201010.pdf.

54. Ibid.; Cyberbullying Research Center. (2012, December 20). *Anthony Zeno v.* Pine Plains Central School District. Retrieved from http://cyberbullying.org/anthony-zeno-v-pine-plains-central-school-district.

55. Hinduja, S., & Patchin, J. W. (2012). *School climate 2.0: Preventing cyberbullying and sexting one classroom at a time.* Thousand Oaks, CA: Corwin.

56. *Barr v. Lafon,* 538 F.3d 554 (6th Cir. 2008). Retrieved from http://www.ca6.uscourts.gov/opinions.pdf/08a0305p-06.pdf.

57. Hinduja, S., & Patchin, J. W. (2015). *Cyberbullying legislation and case law: Implications for school policy and practice.* Cyberbullying Research Center.Retrieved from http://cyberbullying.org/cyberbullying-fact-sheet-a-briefreview-of-relevant-legal-and-policy-issues.

58. Cyberbullying Research Center. (2012, August 31). *A positive school climate makes everything possible.* Retrieved from http://cyberbullying.org/a-positiveschool-climate-makes-everything-possible.

59. Weng, H., Fox, D., Shackman, A., Bussan, D., & Davidson, R. J. (2014). *Changing your brain and generosity through compassion meditation training.* Retrieved from http://investigatinghealthyminds.org/cihmProjUnderstandingImpact.html#changingYourBrain.

60. For more information, see Chapters 19 and 20.

61. Hinduja, S., & Patchin, J. W. (2012). *School climate 2.0: Preventing cyberbullying and sexting one classroom at a time*. Thousand Oaks, CA: Corwin.

62. Cyberbullying Research Center. (2010, January 27). *Social norms and cyberbullying among students*. Retrieved from http://cyberbullying.org/social-normsand-cyberbullying-among-students.

63. Hinduja, S., & Patchin, J. W. (2010). Sexting: *A brief guide for educators and parents*. Cyberbullying Research Center. Retrieved from http://cyberbullying.org/sexting-a-brief-guide-for-educators-and-parents/.

64. Visit http://taproottheatre.org.

65. Hinduja, S., & Patchin, J. W. (2012). *School climate 2.0: Preventing cyberbullying and sexting one classroom at a time*. Thousand Oaks, CA: Corwin.

66. Stover, D. (2005). Climate and culture: Why your board should pay attention to the attitudes of students and staff. *American School Board Journal*, 192(12), 30–33.

67. See also Hinduja, S., & Patchin, J. (2012). School climate 2.0: *Preventing cyberbullying and sexting one classroom at a time*. Thousand Oaks, CA: Corwin.

第五章

1. Sacco, D. T., Silbaugh, K., Corredor, F., Casey, J., & Doherty, D. (2012, February 23). *An overview of state anti-bullying legislation and other related laws*. Retrieved from http://cyber.law.harvard.edu/sites/cyber.law.harvard.edu/files/State_Anti_bullying_Legislation_Overview_0.pdf.

2. San Diego Unified School District. (2016). DP Bully Report Form. Retrieved from https://www.sandiegounified.org/schools/de-portola/dp-bully-report-form.

3. Family Educational Rights and Privacy Act (20 U.S.C. § 1232g; 34

CFR Part 99).

4. Hinduja, S., & Patchin, J. W. (2015, April). Using Google Voice for student reporting of bullying and cyberbullying incidents. *Cyberbullying Research Center.* Retrieved from http://cyberbullying.org/Google-Voice-Bullying-Reporting-System-for-Schools.pdf.

5. You can find the video on YouTube (https://www.youtube.com/watch?v= x1lM6UgaOfI).

6. Yarbrough, B. (2014, January 22). Disturbing high school bullying video shows how real this problem is. *The Huffington Post.* Retrieved from http:// www.huffingtonpost.com/2014/01/22/high-school-bullying-video_n_4644787. html.

7. National Center for Education Statistics & Institute of Education Sciences. (2015). *Indicators of school crime and safety:* 2014. Retrieved from http://nces.ed.gov/pubs2015/2015072.pdf.

8. Hinduja, S., & Patchin, J. W. (2015). *Bullying beyond the schoolyard*: *Preventing and responding to cyberbullying* (2nd ed.). Thousand Oaks, CA: Corwin.

9. Johnson, P. (2009, March 20). Final defendant in teen beating gets jail time. *The Ledger.* Retrieved from http://www.theledger.com/article/20090320/ NEWS/903209978.

10. You can find the video on YouTube (e.g., https://www.youtube.com/ watch? v=sb1WywIpUtY).

11. Patchin, J. W., Schafer, J. A., & Hinduja, S. (2013). Cyberbullying and sexting: Law enforcement perceptions. *FBI Law Enforcement Bulletin,* 82(6), 2–5.

12. Ibid.

13. Miranda v. Arizona, 384 U.S. 436 (1966).

14. Caccarozzo, J. L. (n.d.). *Juvenile Miranda rights.* Retrieved from

https://www.fletc.gov/sites/default/files/imported_files/training/programs/legal-division/downloadsarticles-and-faqs/research-by-subject/5th-amendment/juvenilemirandarights.pdf; see also *J.D.B. v. North Carolina*, No. 564 U.S. ___ (2011). Retrieved from http://www.supremecourt.gov/opinions/10pdf/09-11121.pdf; N.C., a Child Under Eighteen v. Com., 396 S.W.3d 852 (Ky. 2013). Retrieved from https://docjt.ky.gov/legal/documents/NC.Final.pdf.

15. *New Jersey v. T.L.O.*, 469 U.S. 325 (1985).

16. James, R. K., Logan, J., & Davis, S. A. (2011). Including school resource officers in school-based crisis intervention: Strengthening student support. *School Psychology International*, 32, 210–224.

17. James, N., & McCallion, G. (2013). *School resource officers: Law enforcement officers in schools*. Retrieved from https://www.fas.org/sgp/crs/misc/R43126.pdf; McDevitt, J., & Panniello, J. (2005). *National assessment of school resource officer programs: Survey of students* in three large new SRO programs. Retrieved from https://www.ncjrs.gov/pdffiles1/nij/grants/209270.pdf; Thurau, L. H., & Wald, J. (2009). Controlling partners: When law enforcement meets discipline in public schools. *New York Law School Law Review,* 54, 977–1020.

18. Hinduja, S., & Patchin, J. W. (2013). Social influences on cyberbullying behaviors among middle and high school students. *Journal of Youth and Adolescence*, 42, 711–722.

19. City of Monona Code of Ordinances. (n.d.). Ordained and published by authority of the Common Council (p. 317). Retrieved from http://www.mymonona.com/documentcenter/view/422.

20. *Davis v. Monroe County Board of Education*, 526 U.S. 629 (1999); *Davis v. Monroe County Board of Education*, 120 F.3d 1390 (11th Cir. 1997).

21. Geis, G., & Binder, A. (1991). Sins of their children: Parental responsibility

for juvenile delinquency. *Notre Dame Journal of Law, Ethics & Public Policy*, 5, 303–322.

22. Office of Juvenile Justice and Delinquency Prevention. (1997). *Juvenile justice reform initiatives in the states*: 1994–1996. Retrieved from http://www. ojjdp.gov/pubs/reform/ch2_d.html.

23. *In re: Mariah T. v. Monique B.*, 71 Cal. Rptr. 3d 542 (Cal. Ct. App. 2008). Retrieved from http://caselaw.findlaw.com/ca-court-of-appeal/1190445. html.

24. *Lewis Caldwell v. Louis Zaher*, 344 Mass, 590 (1962). Retrieved from http://masscases.com/cases/sjc/344/344mass590.html.

25. Tyler, J. E., & Segady, T. W. (2000). Parental liability laws: Rationale, theory, and effectiveness. *The Social Science Journal,* 37, 79–96.

26. Quoted in Sutton, J. R. (1981). Stubborn children: Law and the socialization of deviance in the puritan colonies. *Family Law Quarterly*, 15(1), 31–64.

27. McCluskey, C. P., Bynum, T. S., & Patchin, J. W. (2004). Reducing chronic absenteeism: An assessment of an early truancy initiative. Crime & Delinquency, 50, 214–234.

28. Personal communication, June 13, 2013.

29. McCluskey, C. P., Bynum, T. S., & Patchin, J. W. (2004). Reducing chronic absenteeism: An assessment of an early truancy initiative. Crime & Delinquency, 50, 214–234.

30. Tucker, J. (2008, January 18). Free speech and "cyber-bullying". American Civil Liberties Union: Speak Freely. Retrieved from https://www.aclu. org/blog/speakeasy/free-speech-and-cyber-bullying.

31. *Tinker v. Des Moines Independent Community School District*, 393 U.S. 503 (1969).

32. *Bethel School District No. 43 v. Fraser*, 478 U.S. 675 (1986).

33. *Davis v. Monroe County Board of Education*, 526 U.S. 629 (1999); Davis v. *Monroe County Board of Education*, 120 F.3d 1390 (11th Cir. 1997).

34. *J.S. v. Bethlehem Area School District*, 757 A.2d 412 (Pa. Commw. Ct.2000).

35. *Wisniewski v. Board of Education of the Weedsport Central School District*, 494 F.3d 34 (2d Cir. 2007).

36. *Barr v. Lafon*, 538 F.3d 554 (6th Cir. 2008).

37. *Lowery v. Euverard*, 497 F.3d 584 (6th Cir. 2007).

38. *Kowalski v. Berkeley County Schools*, 652 F.3d 565 (4th Cir. 2011).

39. See *Emmett v. Kent School District No*. 415. 92 F. Supp. 2d 1088 (W.D. Wash. 2000); *J.S. v. Blue Mountain School District*, 650 F.3d 915 (3d Cir. June 13, 2011); *Klein v. Smith*, 635 F. Supp. 1440 (Dist. Me. 1986); *Layshock v. Hermitage School District*, 593 F.3d 249 (3rd Cir. 2010).

40. *Layshock v. Hermitage School District* , 593 F.3d 249 (3d Cir. 2010) (en banc). Retrieved from http://www2.ca3.uscourts.gov/opinarch/074465p1.pdf; *J.S.* v. *Blue Mountain School District*, 650 F.3d 915 (3d Cir. 2011). Retrieved from http://www2.ca3.uscourts.gov/opinarch/084138p1.pdf.

41. *New Jersey v. T.L.O.*, 469 U.S. 325 (1985).

42. *Klump v. Nazareth Area School District, 422 F. Supp*. 2d 622 (E.D. Pa. 2006).

43. *J.W. v. DeSoto County School District*, No 09-00155 (N.D. Miss. Nov. 11, 2010).

44. Ibid.

45. See also Cyberbullying Research Center. (2011, July 7). *Bring your own device to school*. Retrieved from http://cyberbullying.org/bring-your-own-deviceto-school.

46. Cyberbullying Research Center. (2011, August 8). *Cell phone search checklist for school administrators*. Retrieved from http://cyberbullying.org/cell-phonesearch-checklist-for-school-administrators.

47. Personal communication, September 1, 2011.

48. *No Child Left Behind Act of 2001,* Pub. L. No. 107-110, 115 Stat. 1425 (2002), 20 U.S.C. 6301 et seq.

49. Hinduja, S., & Patchin, J. W. (2015). *Bullying beyond the schoolyard: Preventing and responding to cyberbullying* (2nd ed.). Thousand Oaks, CA: Corwin.

50. Cyberbullying Research Center. (2009, August 13). *Cell phones at school and student expectation of privacy*. Retrieved from http://cyberbullying. org/cell-phones-at-school-and-student-expectation-of-privacy.

51. Cyberbullying Research Center. (2011, June 1). *Formal rules for students and their devices at school*. Retrieved from http://cyberbullying.org/ formal-rulesfor-students-and-their-devices-at-school.

52. Muyskens, K., & Grundmeyer, T. (2014, September 4). Teach physics with Angry Birds. International Society for Technology in Education. Retrieved from https://www.iste.org/explore/articledetail?articleid=147.

53. Grunwald and Associates. (2010). *"Educators, Technology and 21st Century Skills: Dispelling Five Myths."* Walden University. Retrieved from https://www.waldenu.edu/masters/ms-in-instructional-design-and-technology/ highlights/five-myths.

54. Centers for Disease Control and Prevention, National Center for Injury Prevention and Control, Division of Unintentional Injury Prevention. (2015, October 14). *Teen drivers*. Retrieved from http://www.cdc.gov/ motorvehiclesafety/teen_drivers/.

55. Insurance Institute for Highway Safety & Highway Loss Data Institute. (2013). *Teenagers*. Retrieved from http://www.iihs.org/iihs/topics/t/teenagers/

fatalityfacts/teenagers.

56. Hinduja, S., & Patchin, J. W. (2012). *School climate 2.0: Preventing cyberbullying and sexting one classroom at a time.* Thousand Oaks, CA: Corwin.

57. Hinduja, S., & Patchin, J. W. (2015). *Bullying beyond the schoolyard: Preventing and responding to cyberbullying* (2nd ed.). Thousand Oaks, CA: Corwin.

58. National School Climate Center. (2016). What is school climate and why is it important? Retrieved from http://www.schoolclimate.org/climate/.

59. Duke, D. L. (2001). *Creating safe schools for all children.* Upper Saddle River, NJ: Pearson.

60. Hinduja, S., & Patchin, J. W. (2013). Social influences on cyberbullying behaviors among middle and high school students. *Journal of Youth and Adolescence*, 42, 711–722.

61. Hinduja, S., & Patchin, J. W. (2015). State cyberbullying laws: A brief review of state cyberbullying laws and policies. *Cyberbullying Research Center.* Retrieved from http://cyberbullying.org/state-cyberbullying-laws-a-brief-reviewof-state-cyberbullying-laws-and-policies.

62. Hinduja, S., & Patchin, J. W. (2015). *Bullying beyond the schoolyard: Preventing and responding to cyberbullying* (2nd ed.). Thousand Oaks, CA: Corwin.

63. Hinduja, S., & Patchin, J. W. (2012). *School climate 2.0: Preventing cyberbullying and sexting one classroom at a time.* Thousand Oaks, CA: Corwin.

64. Personal e-mail correspondence, September 2, 2012.

65. Hinduja, S., & Patchin, J. W. (2015). *Bullying beyond the schoolyard: Preventing and responding to cyberbullying* (2nd ed.). Thousand Oaks, CA: Corwin.

66. Hinduja, S., & Patchin, J. W. (2011). Cyberbullying: A review of the

legal issues facing educators. *Preventing School Failure: Alternative Education for Children and Youth*, 55, 71–78.

67. Hinduja, S., & Patchin, J. W. (2012). *School climate 2.0: Preventing cyberbullying and sexting one classroom at a time*. Thousand Oaks, CA: Corwin.

68. Personal communication, December 5, 2010.